施工现场十大员技术管理手册

资 料 员

(第三版)

上海市建筑施工行业协会工程质量安全专业委员会
　　主编　范　波
　　主审　潘延平　潘　平

中国建筑工业出版社

图书在版编目（CIP）数据

资料员/范波主编. —3 版. —北京：中国建筑工业出版社，2016.1
（施工现场十大员技术管理手册）
ISBN 978-7-112-18944-1

Ⅰ.①资… Ⅱ.①范… Ⅲ.①建筑工程-技术档案-档案管理-技术手册 Ⅳ.①G275.3-62

中国版本图书馆 CIP 数据核字（2016）第 004895 号

施工现场十大员技术管理手册
资 料 员
（第三版）
上海市建筑施工行业协会工程质量安全专业委员会
主编 范 波
主审 潘延平 潘 平
*
中国建筑工业出版社出版、发行（北京西郊百万庄）
各地新华书店、建筑书店经销
霸州市顺浩图文科技发展有限公司制版
北京云浩印刷有限责任公司印刷
*

开本：850×1168 毫米 1/32 印张：8½ 字数：228 千字
2016 年 5 月第三版 2016 年 5 月第三十三次印刷
定价：**23.00** 元
ISBN 978-7-112-18944-1
（28193）

版权所有 翻印必究
如有印装质量问题，可寄本社退换
（邮政编码 100037）

《资料员》第三版是以所颁布的《建筑工程施工质量验收统一标准》GB 50300—2013 和相关的施工质量验收规范为依据，主要介绍施工现场资料员应掌握的基本知识。本手册内容包括：建设工程资料基础知识、施工管理资料、工程质量保证资料、建筑工程质量验收、建立施工资料分类、分卷目录和建设工程竣工验收备案管理基础知识等六部分内容，力求建筑施工与技术资料的结合与统一。

本书可供建筑施工企业资料员及工程技术人员学习参考，也可作为土建院校相关专业的辅助教材。

责任编辑：郦锁林　王华月
责任校对：刘　钰　赵　颖

施工现场十大员技术管理手册
（第三版）
编委会

主　　任：黄忠辉
副 主 任：姜　敏　潘延平　薛　强
编　　委：张国琮　张常庆　辛达帆　金磊铭
　　　　　邱　震　叶佰铭　陈　兆　韩佳燕

本书编委会

主编单位：上海市建筑施工行业协会工程质量安全专业委员会
主　　编：范　波
主　　审：潘延平　潘　平
编写人员：徐大海　沈　骏　瞿志勇　陆文娟
　　　　　刘　琳　蒋　洁　龚利斌　施　丹
　　　　　徐律夫　邱志伟　鲍　沂

丛书前言

《施工现场十大员技术管理手册》(第三版)是在中国建筑工业出版社2001年发行的第二版的基础上修订而成,覆盖了施工现场项目第一线的技术管理关键岗位人员的技术、业务与管理基本理论知识与实践适用技巧。本套丛书在保留原丛书内容贴近施工现场实际、简洁、朴实、易学、易掌握需求的同时,融入了近年来建筑与市政工程规模日益高、大、深、新、重发展的趋势,充实了近段时期涌现的新结构、新材料、新工艺、新设备及绿色施工的精华,并力求与国际建设工程现代化管理实务接轨。因此,本套丛书具有新时代技术管理知识升级创新的特点,更适合新一代知识型专业管理人员的使用,其出版将促进我国建设项目有序、高效和高质量的实施,全面提升我国建筑与市政工程现场管理的水平。

本套丛书中的十大员,包括:施工员、质量员、造价员、材料员、安全员、试验员、测量员、机械员、资料员、现场电工。系统介绍了施工现场各类专业管理人员的职责范围,必须遵循的国家新颁发的相关法律法规、标准规范及政府管理性文件,专业管理的基本内容分类及基础理论,工作运作程序、方法与要点,专业管理涉及的新技术、新管理、新要求及重要常用表式。各大员专业丛书表述通俗简明易懂,实现了现场技术的实际操作性与管理系统性的融合及专业人员应知应会与能用善用的要求。

本套丛书为建筑与市政工程施工现场技术专业管理人员提供了操作性指导文本,并可用于施工现场一线各类技术工种操作人员的业务培训教材;既可作为高等专业学校及建筑施工技术管理职业培训机构的教材,也可作为建筑施工科研单位、政府建筑业管理部门与监督机构及相关技术管理咨询中介机构专业技术管理人员的参考书。

本套丛书在修订过程中得到了上海市住房和城乡建设管理委员会、上海市建设工程安全质量监督总站、上海市建筑施工行业协会与其他相关协会的指导,上海地区一批高水平且具有丰富实际经验的专家与行家参与丛书的编写活动。丛书各分册的作者耗费了大量的心血与精力,在此谨向本套丛书修订过程的指导者和参与者表示衷心感谢。

由于我国建筑与市政工程建设创新趋势迅猛,各类技术管理知识日新月异,因此本套丛书难免有不妥之处,敬请广大读者批评指正,以便在今后修订中加以完善。

愿《施工现场十大员技术管理手册》(第三版)为建筑业工程质量整治两年行动的实施,建筑与市政工程施工现场技术管理的全方位提升作出贡献。

第三版前言

技术资料是建筑施工中的一项重要组成部分,是工程建设及竣工验收的必备条件,也是对工程进行检查、维护、管理、使用、改建和扩建的原始依据。为此,住房城乡建设部与各省市建设主管部门多次强调要做好技术资料工作,明确指出:任何一项工程如果技术资料不符合标准规定,则判定该项工程不合格,对工程质量具有否决权。

鉴于当前技术资料管理还是一个比较薄弱的环节,上海市建筑施工行业协会质量安全专业委员会组织有关专家对第二版内容进行了修订,使读者能够相互学习、取长补短、迅速提高施工资料编制和管理水平,保证工程质量达到《建筑工程施工质量验收统一标准》(GB 50300—2013)的要求。

本书主要内容包括:建筑工程质量管理资料的基本知识,施工技术管理资料,工程质量保证资料,建筑工程质量验收资料,工程资料分类、分卷、建立施工资料分类、分卷目录,建筑工程竣工验收备案管理基础知识资料。

由于编者水平有限,不妥之处恳请读者批评指正。

第二版前言

施工资料是建筑施工中的一项重要组成部分，是工程建设及竣工验收的必备条件，也是对工程进行检查、维护、管理、使用、改建和扩建的原始依据。为此，建设部与各省市建设部门多次强调了要搞好技术资料工作，明确指出：任何一项工程如果技术资料不符合标准规定，则判定该项工程不合格，对工程质量具有否决权。

鉴于当前技术资料管理还是一个比较薄弱的环节，我们组织了有关专家、教授和有实践经验的工程技术人员编写了这本手册。该手册综合了《建筑工程施工质量验收统一标准》、《北京市建筑安装分项工程施工工艺规程》和北京市地方标准《建筑工程资料管理规程》等，具有以下特点：

1. 本手册是针对建筑工地编写的实用性系列丛书，编写内容力求系统化、规范化，取材全面，内容综合性强。

2. 本手册共分五部分，即：地基与基础工程施工阶段、主体工程施工阶段、屋面工程施工阶段、装修阶段及竣工组卷阶段。编写顺序是按施工形象进度，将材料试验、施工实验、施工记录、隐预检记录、施工组织设计和工程质量检验评定等各项内容、各类表格、图例逐一地进行了全面介绍，力求建筑施工与技术资料的结合与统一。

3. 编写方法上采取文字、图、表相结合的方式。力求通俗易懂、全面系统。

4. 本手册注重理论联系实际，是建筑企业各级工程技术人员的参考书籍，对施工技术资料的管理起到了保证作用。

本手册由于编者水平有限，不妥之处恳请读者批评指正。

第一版前言

技术资料是建筑施工中的一项重要组成部分，是工程建设及竣工验收的必备条件，也是对工程进行检查、维护、管理、使用、改建和扩建的原始依据。为此，建设部与各省市建设部门多次强调了要搞好技术资料工作，明确指出：任何一项工程如果技术资料不符合标准规定，则判定该项工程不合格，对工程质量具有否决权。

鉴于当前技术资料管理还是一个比较薄弱的环节，我们组织了有关专家、教授和有实践经验的工程技术人员编写了这本书。该书综合了《建筑安装工程高质量检验评定标准讲座》、《建筑安装分项工程施工工艺规程》和北京市城乡建设委员会颁发《北京市建筑安装工程施工技术资料管理规定》的通知，经建质[1996]418号文，该手册具有以下特点：

1. 该手册是针对建筑工程工地编写的实用性系列丛书，编写内容力求系统化、规范化，取材全面，内容综合性强。

2. 本手册共分五部分，即：地基与基础工程施工阶段、主体工程施工阶段、屋面工程施工阶段、装修阶段及竣工组卷阶段。编写顺序是按施工形象进度，将材料试验、施工实验、施工记录、隐预检记录、施工组织设计和工程质量检验评定等各项内容、各类表格、图例逐一地进行了全面介绍，力求建筑施工与技术资料的结合与统一。

3. 编写方法上采取文字、图、表相结合的方式。力求通俗易懂、全面系统。

4. 本手册注重理论联系实际，是建筑企业各级工程技术人员的参考书籍，对施工技术资料的管理起到了保证作用。

本手册由于编者水平有限，不妥之处恳请读者批评指正。

目 录

1 建设工程资料基础知识 ················· 1
 1.1 工程资料的分类 ···················· 1
 1.2 工程资料的作用 ···················· 1
  1.2.1 工程资料的作用概要 ··············· 1
  1.2.2 工程质量技术资料的作用 ············· 2
 1.3 工程施工质量技术资料的内容 ············· 3
 1.4 工程资料形成的主要渠道 ················ 4
  1.4.1 工程资料管理职责 ················ 4
  1.4.2 各参建单位对工程资料的管理职责 ········ 5
  1.4.3 工程资料的形式 ················· 9
  1.4.4 工程资料的形成 ················· 11
 1.5 工程资料的计算机管理 ················ 28
  1.5.1 工程资料计算机管理的基本要求 ········· 28
  1.5.2 优先用计算机形成工程资料 ············ 29
 1.6 工程资料的整理 ··················· 29
  1.6.1 工程资料整理的原则 ··············· 29
  1.6.2 工程资料整理的方法 ··············· 30
  1.6.3 工程资料卷内排列 ················ 30
  1.6.4 案卷封面及装订 ················· 31
 1.7 工程资料的验收 ··················· 32
2 施工管理资料 ······················ 34
 2.1 施工技术管理资料 ·················· 34
  2.1.1 工程概况 ···················· 34
  2.1.2 施工现场质量管理检查记录表 ·········· 37
  2.1.3 技术交底记录 ·················· 42

  2.1.4 图纸会审记录……………………………… 43
  2.1.5 设计变更通知单…………………………… 46
  2.1.6 见证取样送检记录………………………… 47
  2.1.7 施工日记…………………………………… 48
  2.1.8 工程定位测量记录………………………… 50
  2.1.9 基槽验线记录……………………………… 52
  2.1.10 交接记录 ………………………………… 55
  2.1.11 预检记录 ………………………………… 56
  2.1.12 工程材料、构配件、设备供应单位资格
     报审表 …………………………………… 59
  2.1.13 工程材料、构配件、设备报审表 ……… 60
  2.1.14 主要施工机械、设备报审表 …………… 61
  2.1.15 施工测量放线报验表 …………………… 62
  2.1.16 工序质量检查表（施工检查记录）…… 63
  2.1.17 检验批、分次、分部（子分部）工程质量
     报验表 …………………………………… 63
  2.1.18 工程沉降测量观察记录 ………………… 66
  2.1.19 建筑物标高、垂直度（全高）测量记录 ……… 69
  2.1.20 楼层标高抄测记录 ……………………… 69
  2.1.21 隐蔽工程验收记录 ……………………… 72
 2.2 建筑工程所涉隐蔽工程……………………………… 74
  2.2.1 地基基础工程所涉隐蔽工程……………… 74
  2.2.2 主体结构工程所涉隐蔽验收目录………… 76
  2.2.3 建筑装饰装修工程所涉隐蔽验收………… 77
  2.2.4 建筑屋面所涉隐蔽工程…………………… 79
  2.2.5 建筑给水、排水与采暖所涉隐蔽工程… 80
  2.2.6 建筑电气工程所涉隐蔽工程……………… 81
  2.2.7 智能建筑工程所涉隐蔽工程……………… 83
  2.2.8 通风与空调工程所涉隐蔽工程…………… 83
  2.2.9 电梯安装工程所涉隐蔽工程……………… 84

2.2.10 建筑节能工程所涉隐蔽工程 …………………… 84
　2.3 建筑工程施工所涉施工记录…………………………… 85
　　2.3.1 地基基础工程施工记录 ……………………… 85
　　2.3.2 主体结构工程施工记录 ……………………… 87
　　2.3.3 建筑安装工程施工记录 ……………………… 90
　　2.3.4 建筑节能工程施工记录 ……………………… 93
3 工程质量保证资料………………………………………… 94
　3.1 建设工程原材料、成品、半成品、构配件质量证明书
　　　和质量试（检）验报告 ………………………………… 94
　　3.1.1 钢筋 …………………………………………… 94
　　3.1.2 钢结构用钢材 ………………………………… 100
　　3.1.3 焊条、焊剂 …………………………………… 103
　　3.1.4 水泥 …………………………………………… 105
　　3.1.5 砂石、轻骨料、粉煤灰 ……………………… 110
　　3.1.6 外加剂 ………………………………………… 116
　　3.1.7 砖和砌块 ……………………………………… 119
　　3.1.8 防水材料 ……………………………………… 132
　3.2 施工过程试验…………………………………………… 139
　　3.2.1 钢筋连接 ……………………………………… 139
　　3.2.2 地基及桩基过程试验 ………………………… 152
　　3.2.3 砌筑砂浆有关试验 …………………………… 164
　　3.2.4 混凝土强度试验 ……………………………… 167
　　3.2.5 钢结构工程施工过程检测 …………………… 179
　　3.2.6 建筑环境检测 ………………………………… 190
4 建筑工程质量验收 ……………………………………… 199
　4.1 《建筑工程施工质量验收统一标准》（GB 50300—2013）
　　　对工程质量验收的规定 ……………………………… 199
　　4.1.1 基本规定 ……………………………………… 199
　　4.1.2 工程质量验收的划分 ………………………… 202
　　4.1.3 建筑工程质量验收 …………………………… 210

13

  4.1.4 建筑工程质量验收的程序和组织 …………… 223
5 建立施工资料分类、分卷目录 …………………… 225
6 建设工程竣工验收备案管理基础知识 …………… 230
 6.1 建设工程竣工验收备案管理 …………………… 230
  6.1.1 建设工程竣工验收备案的范围 ……………… 230
  6.1.2 建设工程竣工验收备案的文件 ……………… 230
 6.2 建设工程竣工验收备案的程序 ………………… 231
  6.2.1 建设工程项目竣工验收条件 ………………… 231
  6.2.2 建设单位竣工验收程序 ……………………… 232
  6.2.3 建设单位竣工验收的实施 …………………… 232
  6.2.4 建设单位竣工验收的意见和结论 …………… 234
 6.3 施工单位建筑工程竣工验收备案的实施 ……… 234
  6.3.1 施工单位在建筑工程竣工验收备案过程中的
    基础工作 ……………………………………… 234
  6.3.2 施工单位参与单位竣工验收的实施 ………… 244
 6.4 有关文件 ………………………………………… 249
  6.4.1 上海市建设工程合同备案管理规定 ………… 249
  6.4.2 住房城乡建设部关于印发《房屋建筑和市政
    基础设施工程竣工验收规定》的通知 ……… 252

参考文献 ……………………………………………… 257

1 建设工程资料基础知识

1.1 工程资料的分类

工程资料是工程建设各参与单位在各个阶段形成的各种形式的信息记录,包括工程准备阶段文件、监理文件、施工文件、竣工图和竣工验收文件等。

工程资料以参与工程建设单位为主形成资料,形成、收集、整理、保存,并按照资料类别不同进行分类。

(1) 按资料形成阶段分为:工程立项文件、选址及征地拆迁文件、勘察设计文件、施工文件、监理文件及竣工验收文件等。

(2) 按资料形成单位分为:由建设单位及中介机构起草,政府主管部门批准的文件(主要是立项、征地文件及其他文件)、勘察单位形成的文件、设计单位形成的文件、施工单位形成的文件、监理单位形成的文件、竣工验收的文件等。

(3) 按资料的收集整理分为单位工程文件及专业系统文件。

(4) 按资料保存期限分为永久文件、长期文件和短期文件。

1.2 工程资料的作用

1.2.1 工程资料的作用概要

工程资料的主要作用概括起来,主要有以下几点:

(1) 工程资料是工程的合格证、技术说明书,是工程验收、移交、使用、维护及改扩建的重要依据,是工程质量的组成部分;

(2) 工程资料是反映工程建设项目的合法性,符合有关建设程序的有效证明文件；

（3）工程资料是记录建设过程各项活动的有效文件，是各阶段、各方面按照有关规定明确质量责任，以及追究质量责任的依据；

（4）工程资料是反映工程建设各阶段管理水平、技术水平的见证文件，也是研究改进工程管理和技术管理的重要措施；

（5）工程资料要达到的目的，是要证明建设过程中各项建设活动所采取的措施是有效的，证明各工序工程质量指标是合格的，符合国家标准规范规定的，工程资料应覆盖到工程建设活动的每个部位。为此，要求工程资料应与工程建设同步完成，同步验收。每个竣工工程项目应以单位工程为载体形成成套的工程资料并整理归档。

1.2.2 工程质量技术资料的作用

工程质量技术资料是反映建筑工程施工过程中，各个环节工程质量状况的基本数据和原始记录；反映完工项目的测试结果和质量记录。这些资料是反映工程质量的客观见证，是评价工程质量的主要依据。工程质量技术资料是工程的"合格证"和技术说明书。由于工程质量不能整体测试，只能在建造的施工过程中分别测试、检验或工程完成后间接地抽查检测。由于工程的安全性能要求高，所以工程质量资料比产品的合格证更为重要。从工程质量特殊性来说，工程质量技术资料的核心，是企业经营管理的重要组成部分，更是质量管理的重要方面，是反映一个企业管理水平、技术水平高低的重要见证。是追究质量责任的依据；也是工程移交、使用、管理、维护及改扩建的依据。通过资料的定期分析研究，能帮助企业改进管理。在当前全面贯彻执行的ISO9000、ISO18000和ISO14000质量管理系列标准中，资料管理是其中一项重要内容，是证明工程质量的客观见证。也是管理有效性的重要见证，资料也是质量管理体系的重要组成部分，是评价管理水平的重要见证材料。由于产品结构和制造工艺复杂，必须在产品质量的形成过程中加强管理和实施监督，要求生产方建立相应的质量管理体系，提供能充分说明质量符

合要求的客观证据

1.3 工程施工质量技术资料的内容

工程施工质量技术资料是施工文件中有关质量技术的部分，是施工过程中的技术管理资料，按其特点可分为：工程质量验收资料、工程质量控制资料、工程质量记录资料、技术管理资料和竣工图等。

1. 工程质量验收资料

工程质量验收资料是按照《建筑工程施工质量验收统一标准》（GB 50300—2013）及系列规范对工程质量验收所形成的检验批、分项工程、分部（子分部）工程、单位（子单位）工程质量的验收资料及一些辅助资料；是由施工单位和监理（建设）单位共同形成的证明质量合格的合法文件。

2. 工程质量控制资料

工程质量控制资料是施工单位制订的确保施工质量的技术措施资料，尤其是贯彻执行规范、标准的具体体现。通过学习规范、领会规范要求，把规范、标准变成控制措施，把措施落实到管理程序和操作中去，实施的控制要点就是控制资料。同时，在每项规范中都对资料提出了要求，将各项要求统一融化，变成自己企业的质量控制措施，落实到各操作程序的控制要点上，然后将控制的程序步骤记录下来，或将操作的结果、检测数据记录下来，形成有关资料，就是质量记录。

质量控制资料由施工单位制订形成，多数是经监理检查验收认可的。

质量控制资料主要包括：

（1）原材料、构配件及设备的合格控制资料；

（2）施工工艺、企业标准、试验方法标准、技术管理规程等技术控制资料；

（3）施工过程试配、试验、调试、试运行等施工试验资料。

3. 工程质量记录资料

工程质量记录资料是施工技术措施实施结果的检测数据和检查记录。质量记录资料主要由施工单位形成，多数是经监理单位参与见证并认可的。

（1）工程施工完成后的有关强度、严密性及功能性的检测记录等资料。

（2）工程施工过程工作记录及完成后的自行检查验收记录等资料。

4. 技术管理资料

技术管理资料主要是指与工程质量有关的管理制度、措施等文件资料，这些也是施工单位制订形成，有些是经监理单位检查认可的。

5. 竣工图

由施工单位编制形成（如果在合同明确了），由监理、建设单位及城建档案部门验收认可的，主要内容是：

（1）设计文件，包括设计图、会审记录、变更、技术核定单等。

（2）竣工图及说明等。

1.4 工程资料形成的主要渠道

1.4.1 工程资料管理职责

建设、勘察、设计、施工、监理以及检测机构等单位应将有关工程建设资料的形成和积累纳入工程建设管理各阶段和有关人员的工作职责范围，其基本原则是：

1. 工程资料的形成应符合国家相关工程建设的法律、法规、标准规范、工程合同与设计文件等规定。

2. 工程资料应随工程进度同步收集、整理并按规定移交，其资料组卷，移交份数应满足合同约定和有关规定的要求。

3. 工程资料应实行分工负责分级管理，由建设、监理、施工等单位主管（技术）负责人组织本单位的有关人员做好工程资料的管理工作。工程建设过程中资料的收集、整理和审核工作应有专人负责，其人员应按规定取得相应的岗位资格，工程资料管理应纳入工程建设的各个环节和全过程。

4. 建设、勘察、设计、施工、监理以及检测机构应确保各自负责的工程资料的真实、有效和完整，工程资料严禁涂改、伪造、随意抽撤或损毁、丢失等，如发现应按有关规定予以处罚，情节严重的，应依法追究法律责任。

5. 重要工程资料应保持其页码、内容的连续性，不准随意撕扯、抽撤或更换。资料的原始记录应为真实的原始现场记录，不准再次抄录。所有二次抄录的文字、数据均不得列为原始记录。工程资料中出现笔误或需要修正的文字、数据时，应采取"杠改"的方式修改，"杠改"后应保持被更改部分清晰可辨，并必须在修改位置旁修改人本人签名承担责任。必要时，还应以适当方式注明或说明更改原因。

6. 当需要某种资料但无法取得原件时，可以采用"有效复印件"代替。"有效复印件"指使用原件复印、内容与原件相同、可以清晰辨认、加盖原件存放单位公章、有相关经手人签字并注明原件存放处的复印件。

据国家规定，参与工程建设的建设、勘察、设计、监理和施工以及检测单位等均负有工程资料管理的责任，这种责任是上述各方在工程建设过程中的一项重要职责，这种职责称为工程资料管理的职责。这些管理职责对参与建设各方来说，有些是共同的、各方一致的，有些是参与建设某一方所特有的。参建各方除应当认真履行上述通用职责外，还应认真履行各自独有的工程资料的管理职责。

1.4.2　各参建单位对工程资料的管理职责

1. 建设单位管理职责

建设单位是工程建设的组织者、发起者、使用者以及各项要求的提出者，是工程质量责任的首要主体，也是工程资料的首要责任主体。建设单位对工程资料的具体责任包括：

（1）建设单位应做好自己负责的工程资料管理工作，并设专人对工程资料进行收集、整理和归档。还要对工程资料的全部工作承担组织，督促检查工作。监督和检查各参建单位工程资料的形成、积累和立卷工作，也可委托监理单位检查有关单位工程资料的形成、积累和立卷工作。

（2）在工程招标及与参建各方签订合同或协议时，应对工程资料和工程档案的编制责任、套数、费用、质量和移交期限等提出明确要求。

（3）建设单位为参与工程建设的勘察、设计、施工、监理等单位提供的与建设工程有关的资料必须真实准确，并承担相应的责任。

（4）建设单位应对其自行采购的建筑材料、构配件和设备的质量负责。建设单位应保证建筑材料、构配件和设备符合设计文件和合同要求，并保证相关材料、设备质量证明文件的完整、真实和有效。

（5）建设单位应签认的工程资料应及时签署意见。

（6）建设单位应负责组织竣工图的绘制工作，也可委托施工单位、监理单位或设计单位来做，要在工程建设前期与有关单位形成委托文件，并按相关文件规定承担费用。

（7）建设单位应收集和汇总勘察、设计、监理和施工等单位立卷归档的工程档案。列入城建档案馆接收范围的工程档案，应在组织工程竣工验收前，提请城建档案馆对工程档案进行预验收，未取得《建筑工程竣工档案预验收意见》的，不得组织工程竣工验收。

（8）建设单位应在工程竣工验收后，在规定时间内（通常期限为三个月），按《建设工程文件归档整理规范》的规定，将工程档案移交城建档案馆。

2. 勘察单位管理职责

勘察单位是为工程设计、施工提供地质、水文及有关工程环境的地质、水文等自然环境条件的，其工作对工程的安全及建成后充分发挥工程的作用有重要作用。其提供的资料必须真实、系统、可靠，提供的建议必须事实充分，分析有据，其具体工作如下：

（1）应按合同和技术规范要求提供工程勘察报告。

（2）按合同约定对须由勘察单位签认的工程资料及时签署。

（3）出具代表勘察单位意见的地基工程验收检查报告。

（4）单位工程竣工验收记录应由勘察单位（项目）负责人签字并加盖单位公章。

3. 设计单位管理职责

设计单位为工程建设提供设计文件，是工程建设的重要依据，其设计图纸及说明等设计文件是将建设意图变成现实的重要措施，对工程的功能安全以及建设过程、效益都有重大影响。其文件必须经过方案比较择优选取。符合技术先进、工艺合理、安全、效益、环保、节能等要求。其具体工作如下：

（1）设计单位应按合同和规范要求提供设计图纸和文字说明等文件。

（2）工程建设实施过程中，设计单位应签认的工程资料应按要求及时签署意见。

（3）工程竣工验收，设计单位应出具代表设计单位意见的工程质量检查报告。

（4）单位工程质量竣工验收记录应由设计单位（项目）负责人签字并加盖单位公章。

4. 施工单位管理职责

施工单位是将设计图纸文件，经过施工过程变成工程实体，其过程长、工序多、参与人员多、影响工程建设的因素也多，是工程资料管理的重要阶段，也是形成工程资料最多的阶段。

工程建设的合法性，质量控制的有效性，质量记录的真实性等对工程资料的管理影响最大。因此施工单位对工程资料的管理责任也最重大。其主要工作如下：

（1）施工单位应负责施工资料的管理工作，施工资料实行技术负责人负责制，逐级建立施工资料管理岗位责任制，并设专人对施工资料进行收集、整理和归档，将施工资料工作落到实处。

（2）施工单位应按工程技术规范的要求，对在施工过程中形成的工程资料及时收集、整理和归档，做到与工程施工同步。应由有关单位签认的资料应及时提请有关单位签认。当地建设行政主管部门对工程资料形成的内容、表格有具体要求时，应落实其要求，实行统一管理。

（3）总包单位应负责汇总各分包单位编制的施工资料，分包单位应负责其分包范围内施工资料的收集和整理，并对施工资料的真实性、完整性和有效性负责。

（4）施工单位应在工程竣工验收前完成工程施工资料的整理、汇总工作，其整理应符合有关规定的要求。

（5）施工资料应按合同要求编制，并在工程竣工验收前移交建设单位，其中一套自行保存。

5. 监理单位管理职责

监理单位是中介技术服务单位，按合同的约定对工程建设过程进行技术管理，负责工程质量、工期以及资金的控制。监理制度的实施是大规模经济建设提高管理水平的一项重要措施，为的是充分发挥专业人员的作用，提高工程质量及建设管理水平。其管理工作的有效性，对工程建设影响较大。监理单位在监管过程中，应形成有关的工程资料，以证明工程质量的水平和监理工作的有效性。其具体工作如下：

（1）监理单位应负责监理资料的管理工作，监理资料实行总监理工程师负责制，并设专人对监理资料进行收集、整理和归档。

（2）监理单位应按照合同约定，在勘察、设计阶段对勘察、设计文件等资料的形成、积累、组卷和归档进行监督和检查；在施工阶段，对施工资料的形成、积累、组卷和归档进行监督和检查，使施工资料的完整性、准确性符合有关规定的要求。

(3) 由监理单位出具或签认的工程资料应及时出具或签署意见，出具或签认的期限可以共同商定，但应以不影响工程进度为原则。

(4) 监理单位对应移交建设单位的监理资料及列入城建档案馆接收范围的监理资料，应在竣工验收后的规定的时间内移交建设单位，通常为两个月的期限。如有特殊情况，可协商解决。

6. 检测机构管理职责

检测单位不是质量的责任主体，但其检测报告及检测数据直接反映工程质量的水平及决定质量等级的判定。其检测报告和数据的真实、准确、科学都关系到工程质量验收及可比性，检测单位必须对出具的检测报告、数据负责，当地建设行政主管部门对检测报告的表格有统一要求的，应按其要求采用统一表格，检测程序等应符合有关专门的检测方法标准。其具体工作如下：

(1) 检测机构应严格按国家规定的标准、程序进行检测，并对检测报告承担其相应的责任。

(2) 检测机构应建立检测资料管理制度。检测的合同委托单、原始记录、检测报告等应按年度统一编号、存档，并应单独建立不合格检测项目台账。

(3) 检测机构应将检测过程中发现建设单位、监理单位、施工单位等违反有关法律、法规及工程建设强制性标准的情况，以及涉及工程结构安全、主要使用功能的检测结果不合格情况，及时报告工程质量监督机构。

1.4.3 工程资料的形式

1. 工程资料形成的主要阶段

为了管理的方便，可按工程资料形成的主要阶段，以及形成资料的主要单位，工程资料划分为：

(1) 工程立项资料；

(2) 施工前准备资料；

(3) 施工资料；

(4) 监理资料；

（5）竣工工程验收资料；

（6）竣工工程备案资料等。

2. 工程资料的形式

工程资料按照其形成的形式，可以分为文件、文本、表格三种形式。

（1）文件为一些报告、批复、许可的证件等。如项目建议书、项目建议书的批复、各项质量控制的制度、施工许可证等资料。

（2）文本为一些文件规定要求按固定格式形成的资料。如施工合同、监理合同、竣工备案文件等资料。

（3）表格为一些用文件、文本不太容易表述的，用表格记载有关检测数据、检查情况，简单方便一目了然。

3. 工程资料的载体

有纸质载体的工程资料、电子工程资料和声像资料等。也有将纸质载体等进行微缩形成微缩制品载体。

（1）纸质载体的工程资料是目前通常用的用纸张记录的各种文件、文本、表格等资料。

（2）电子工程资料利用计算机管理形式，将工程资料存在计算机的硬盘上或刻成光盘，查看时打开光盘阅读或下载。也有在纸质工程资料验收后，将其刻成光盘保存。

（3）声像工程资料是以声音、图像形成表示的一些工程资料，刻成光盘，通常是纸质或电子工程资料的补充资料。

（4）微缩制品载体是将纸质载体资料或电子工程资料（光盘载体）验收后，进行微缩形成"微缩制品载体"资料，以便保存。

4. 工程资料的编号（各地区资料、档案管理细则有别，仅供参考）

（1）工程资料整理编号的原则

1）工程资料应按照形成、收集整理为主的单位和资料类别的不同进行分类。

2) 施工资料分类应根据工程类别和专业系统划分。

3) 施工过程中工程资料的分类、整理和保存除执行本规程规定外，还应执行国家及待业现行法律、法规、标准规范及地方有关规定。

（2）编号的层次

1) 代表工程资料种别的编号

以工程资料形成的主要单位的编号为第一个层次，表示资料种别，分为 A、B、C、D。由建设单位为主形成的资料为"A"，由监理单位为主形成的资料为"B"，由施工单位为主形成"C"，竣工图为"D"。

2) 代表工程资料类别的编号

以工程资料表示种别内的类别编号为第二个层次，用二位数表示类别及分部工程位置，没有分类的为 00；有分类的为 01～n，依次编号。

以建设单位为主形成的资料为"A"字的，立项文件 01、征地拆迁 02、勘察设计 03、招投标合同 04、开工条件 05、工程竣工验收及竣工备案 06、其他工程资料 07、工程资料移交 08。

以监理单位为主形成的资料为"B"字的，监理日常资料 01、工程质量控制资料 02、进度造价控制资料 03。

以施工企业为主形成的资料为"C"字的，施工技术管理资料 01、建筑与结构 02、给水排水采暖 03、建筑电气 04、通风空调 05、电梯安装 06、智能建筑 07、监督管理 08。

竣工图为"D"字的。

3) 代表工程资料顺序的编号

依据各类工程资料形成的先后，从 1～n，表示其序号。如 A01-1 等。

1.4.4 工程资料的形成

1. 工程资料形成的要求

（1）工程资料必须按有关行政主管部门的规定和要求进行形成、收集、整理，需要申报有关部门审批的要有批准意见，需要验收方或几方签字的应有签字，需盖章的应盖章。工程资料还应符合开、竣工手续的要求，并达到文件完整、齐全。

（2）各参建单位负责的工程资料应与工程进度同步完成。工程竣工验收应由建设单位组织勘察、设计、监理、施工等有关单位进行，并形成竣工验收文件。

（3）工程竣工后，建设单位按照竣工备案的有关规定，进行备案，并提交完整的竣工备案文件。

2. 建设单位为主形成的工程资料

（1）资料形成基本要求

凡新建、改建、扩建的建设项目，建设单位为主形成的工程资料应按照基本建设程序开展工作，配备专职或兼职工程资料管理人员，工程资料管理人员应负责及时收集整理基本建设程序各个环节所形成的文件资料，并按工程项目或单位工程、工程资料的类别、形成时间进行登记、立卷、保管，工程竣工后按规定进行归档、整理、移交。

涉及向政府行政主管部门申报的工程立项等报告文件，还应符合政府行政主管部门的有关规定。

（2）资料管理要求

1）立项工作有关的资料应由建设单位为主来完成。

2）立项工程资料必须按有关行政主管部门的规定和要求进行申报、审批，并保证开工、竣工手续的完备。

3）工程竣工验收应由建设单位组织勘察、设计、监理、施工等有关单位进行，并形成竣工验收文件。

4）工程竣工后，建设单位应负责工程竣工备案工作。按竣工备案的有关规定，提交完整的竣工备案文件，报竣工备案管理部门备案。

5）工程档案列入移交城建档案馆的，应由建设单位负责完成其整理、立卷和移交工作。

3. 监理单位为主形成的工程资料

（1）资料形成基本要求

监理单位在工程建设中为主形成的工程资料应按委托监理合同的要求开展工作，配备专职人员进行工程资料的管理，将工程建设全过程监理工作的主要事件及环节的各种文件，及时形成、收集、整理，并按规定进行立卷、移交。

（2）资料管理要求

1）监理单位可按照委托监理合同的约定，接受建设单位的委托，审核勘察、设计文件。

2）监理单位应按照委托监理合同约定，对施工单位报送的工程验收表格核验工程后予以签认，其他施工资料进行审查，施工资料完整、准确后予以签认。

3）监理单位应完成委托监理合同约定的其他内容，并形成监理资料。

4. 施工单位为主形成的工程资料

（1）资料形成基本要求

施工单位应按照承包合同的要求，在工程施工中，以施工单位为主形成的工程资料应根据工程建设技术标准的规定，在工程建设过程中，配备专职人员进行工程资料的管理工作，将工程施工过程中的有关资料及时形成、收集、整理，并按规定立卷、移交。

（2）资料管理要求

1）施工单位应按工程建设有关规定及工程技术标准的规定，在施工过程中形成施工资料。

2）施工资料应实行报验、报审管理。施工过程中形成的工程资料应按报验、报审程序，通过企业内部相关机构责任人审核合格后，方可报监理（建设）单位验收。

3）施工资料的报验、报审应有时限要求。工程相关各单位宜在合同中约定报验、报审资料的申报时间及审批时间，并约定应承担的责任。当无约定时，施工资料的报验、审批以不得影响正常施工为时限。

4）建筑工程实行总承包的，应在与分包单位签订施工合同中明确施工资料的移交套数、移交时间、质量要求及验收标准等。分包工程完工后,应将有关施工资料按约定移交给总包单拉。

5)施工资料包括施工技术、施工材料设备、施工质量验收等资料。施工质量验收资料包括检验批、分项、子分部(分部)、子单位(单位)工程质量验收资料及其相关资料等。

(3)施工技术资料形成工作流程

施工阶段形成的工程资料种类和数量都较多,各项资料形成的工作流程也不尽相同,下面分别将主要资料形成的工作流程进行介绍。

施工技术资料主要包括施工技术措施、施工现场质量管理制度、各项操作工艺、各种技术交底等。其工作流程见图1-1。

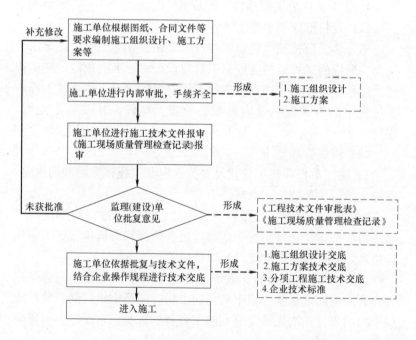

图1-1 施工技术资料形成工作流程

(4) 施工材料设备资料形成工作流程

施工材料设备资料主要包括施工用材料、设备的出厂合格证、出厂检验报告、进场检查验收记录、开箱检查记录、材料代用审批、现场见证取样检验试验报告等。其资料形成工作流程图，见图1-2。

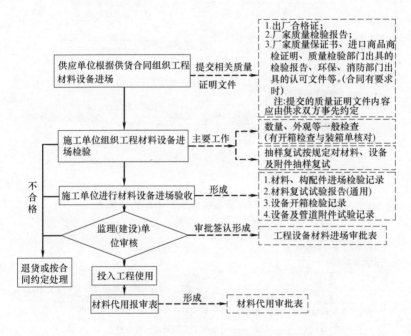

图1-2 施工材料设备资料形成工作流程

(5) 施工质量验收资料形成工作流程

施工质量验收资料主要包括检验批质量验收记录、分项工程质量验收记录、分部（子分部）工程质量验收记录、单位（子单位）工程质量验收记录等。其资料形成工作流程图分别为：

1) 检验批质量验收资料形成工作流程图，见图1-3。
2) 分项工程质量验收资料形成工作流程图，见图1-4。
3) 分部（子分部）工程质量验收资料形成工作流程图1-5。

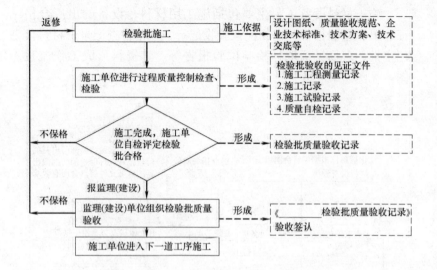

图 1-3 检验批质量验收资料形成工作流程

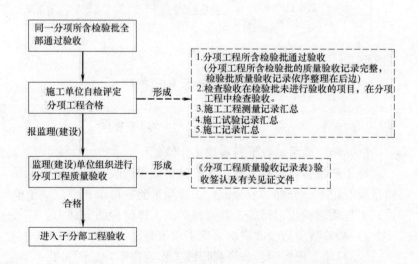

图 1-4 分项工程质量验收资料形成工作流程

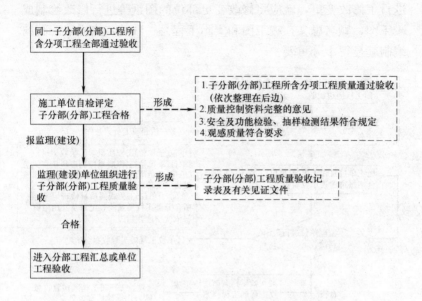

图 1-5 子分部（分部）工程质量验收资料形成工作流程

分部工程所含子分部工程全部验收合格，分部工程不再进行验收，只将各子分部工程名称列一名单写在封面上，将其资料依序附在封面后边即可。各子分部中的分项工程资料也不必统一整理。只将各分项工程的资料附在《子分部工程验收记录表》后即可。如子分部工程只有一个，子分部工程即为分部工程。

4）单位（子单位）工程验收资料形成工作流程见图 1-6。

单位工程所含子单位工程分别全部验收合格，单位工程也就验收完成，不必再进行单位工程的竣工验收，资料等也不必重复复查。如果单位工程中只有一个子单位工程，则子单位工程的验收就是单位工程的验收。

（6）施工单位为主形成工程资料的主要项目见表 1-1。

5. 竣工图的形成

一个工程建成后，为了将建设依据的设计文件保存下来，使设计文件等资料与实际工程一致，在施工过程中，有的施工图纸进行了修改变更，就应将修改变更部位的图纸等进行修改绘制成竣工图，顾名思义，竣工图和实际工程是一致的，这样竣工图的编制就显得十分重要。

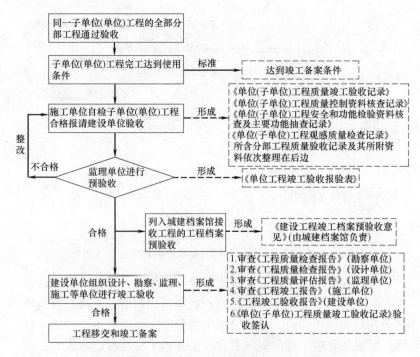

图1-6 子单位（单位）工程验收资料形成工作流程

施工单位为主形成的工程资料主要项目一览表　　　表1-1

资料项目及编号	资料名称	主要内容	起草批准、参与及收集单位
施工技术管理资料 C01	施工现场质量管理检查记录表	施工管理的主要制度	施工单位形成报审单，后附有关制度、证书等。监理单位检查形成
	企业资质证书及相关专业人员上岗证书	总、分包资质，主要人员有上岗证书	施工单位报审表附企业资质证书复印件，主要人员上岗证书、工种及数量，监理单位确认

续表

资料项目及编号	资料名称	主要内容	起草批准、参与及收集单位
施工技术管理资料 C01	工程质量事故报告表	事故主要情况及处理	施工单位形成报监理单位协调处理
	施工总结	计划、质量目标执行情况	施工单位形成
	工程竣工报告	任务完成情况、质量评价	施工单位形成报监理、建设单位
	见证取样送检制度	见证项目	由施工单位形成见证取样送检计划和见证记录表及汇总表
	施工日志	施工过程的主要事件	施工企业随施工进度形成
	施工技术管理文件报审表	联系单承上启下	附在每个文件的前面报审
	施工组织设计施工方案	施工组织及要求	施工单位编制,经过审批形成施工技术文件报审单,监理认可
	施工组织设计及施工方案技术交底	重点内容落实	施工单位形成交底文件
	分项工程技术交底	重点内容落实	施工单位形成交底文件
	施工技术标准审查	落实操作依据	施工单位形成报审单,并附上主要施工技术标准,监理认可
	设计变更文件	变更内容	由施工单位收集,图纸会审及设计交底记录、设计变更单、工程洽商记录
建筑与结构 C02 (一、施工记录)	施工材料设备资料(建设单位提供的材料也要进场验收)	建筑材料、成品、半成品、构配件、设备等(含结构材料、装饰材料、防水、保温材料等)	1. 质量证明文件(产品合格证) 2. 复试报告 3. 进场验收单 4. 进口材料商检证明,环保要求的检测资料(设计有要求时)
	工程定位,楼层平面放线高程控制测量记录等	定位放线记录及复测记录	由施工单位形成,监理认可

续表

资料项目及编号	资料名称	主要内容	起草批准、参与及收集单位
建筑与结构 C02 （一、施工记录）	基础验槽、验线记录	保证线、槽位置的正确	由施工单位形成,监理认可
	建筑物全高垂直度、标高检测记录	测量数值	由施工单位形成,监理认可
	沉降观测记录	测量数值	由施工单位形成,监理认可
	隐蔽工程检查验收记录	地基基础、主体结构、装饰装修、建筑节能工程、屋面工程的隐蔽工程	隐检记录表由施工在自检合格后报监理、建设、设计、勘察单位等参加,形成验收记录并签认
	施工质量检查记录	主要工序质量的控制,重要工序质量的预检	由施工企业基层的质量管理形成,为质量验收的基础
	交接检查记录	不同单位施工工程交接进行的检查记录,以明确质量责任	由前道工序施工单位形成表格,后道工序检查验收,监理单位检查认可
	地基验槽记录、地基钎探记录及地基处理记录	地基检查重点	由施工单位形成,勘察、监理等单位检查认可
	打桩记录	桩基质量控制要求	由施工单位形成,监理单位检查认可
	基坑支护监测记录	质量安全控制的具体措施	由施工单位形成,监理单位检查认可
建筑与结构 C02 （一、施工记录）	桩基(地基)施工记录	质量控制的具体措施	由施工单位编制,监理单位检查认可
	混凝土浇筑申请表	工作程序	施工单位形成报审表,监理单位检查认可
	混凝土配合比试验报告、混凝土拌制计量记录	强度等级、配比计量精度	施工单位形成报审表,监理单位检查认可
	预拌混凝土运输单、坍落度试验记录	运送数量、时间坍落度数值	施工单位形成报审表,监理单位检查认可
	混凝土浇筑记录	浇筑过程情况	施工单位形成报审表,监理单位检查认可

续表

资料项目及编号	资料名称	主要内容	起草批准、参与及收集单位
建筑与结构 C02（一、施工记录）	混凝土养护记录、混凝土测温记录、大体积混凝土养护测温记录、混凝土冬、雨、高温期养护记录	过程记录	施工单位形成报审表，监理单位检查认可
	结构构件吊装记录	过程记录	施工单位形成报审表，监理单位检查认可
	焊接材料烘焙记录	过程记录	施工单位形成报审表，监理单位检查认可
	混凝土拆模申请单	控制混凝土强度	施工单位形成报审表，监理单位检查认可
	预应力张拉施工记录	张拉值、灌浆情况	施工单位形成张拉灌浆记录，监理旁站见证认可
	钢结构施工记录	过程记录	施工单位形成报审表，监理单位检查认可
	木结构施工记录	过程记录	施工单位形成报审表，监理单位检查认可
	幕墙施工记录	过程记录	施工单位形成报审表，监理单位检查认可
	建筑节能施工记录	过程记录	施工单位形成报审表，监理单位检查认可
（二、施工试验记录）	桩基试验检测报告	达到的效果	桩检测单位形成，监理验收认可，施工单位收集
	回填土含水量、最大干密度与最佳含水量	取样方法、数量、标准值	施工单位形成，监理验收认可
	钢筋连接试验记录	实际及合格强度值	施工单位与检测单位共同取样，检测单位形成试验报告，监理检查认可
	混凝土：试验室配合比通知单、抗压强度试块压报告、抗渗试块试验报告、同条件养护试块试压报告、混凝土强度验收批评定表	有关标准数值、工程的实际数值及情况	施工单位形成，监理单位检查认可

21

续表

资料项目及编号	资料名称	主要内容	起草批准、参与及收集单位
（二、施工试验记录）	砌筑砂浆:试验室配合比通知单砂浆试块及试压报告砂浆验收批评定表	有关标准数值及工程的实际数值及情况	施工单位形成,监理单位检查认可
	地下防水效果检查记录	达到的效果及情况	施工单位形成,监理验收认可
	屋面工程及细部淋水试验记录	达到的效果及情况	施工单位形成,监理验收认可
	地面储水试验记录	达到的效果及情况	施工单位形成,监理验收认可
	预应力施工试验记录	过程有关内容记录	施工单位形成,监理检查认可
	木结构施工试验记录	过程有关内容记录	施工单位形成报审表,监理单位检查认可
	通风道、烟道检查记录	通风试验	施工单位形成,监理检查认可
	幕墙、外门窗淋水检查记录	淋水后渗漏情况	施工单位形成,监理检查认可
	钢结构施工试验记录	过程有关内容记录	施工单位及有关单位形成,监理检查认可
	装饰工程有关试验记录	过程有关内容记录	施工单位及有关单位形成,监理检查认可
给水排水采暖施工记录 C03	建筑节能工程有关试验记录	过程有关内容记录	施工单位及有关单位形成,监理检查认可
	给水排水工程材料设备资料	管材、配件、卫生洁具、安全阀设备及附件等	各类管材、产品合格证、质量证明文件、进口材料商检证、抽样试验报告、进场验收单、设备使用说明书、开箱检查记录等,由施工单位形成及收集,监理检查认可
	隐蔽工程检查验收记录	埋于地下、绝热防腐的管道、暗设管道等隐蔽前的质量状况	施工单位为主监理、设计、建设单位等参加,形成验收文件,并签认

续表

资料项目及编号	资料名称	主要内容	起草批准、参与及收集单位
给水排水采暖施工记录 C03	施工检查记录表（通用）	施工单位自行检查,验收的基础、主要工序、主要部位、节点质量	施工单位形成
	交接检记录	有关验收及控制的内容	前道工序施工单位形成,后道工序检查接受,形成文件,监理检查认可
	设备试运转、单机试验记录、系统试运行记录、消火栓试射记录、灌水满水试验、通球试验、冲洗通水试验、强度试验、严密性试验等	试验内容、方法、标准、结果、数据	施工单位及有关单位形成,监理检查认可
建筑电气 C04	电气工程材料设备资料	电线、电缆、变配电设备及附件、照明灯具、开关、插座等	线缆及变配电设备等产品合格证、质量证明文件、进口材料商检证、进场验收单、设备使用说明书,施工单位形成收集,监理检查认可
	隐蔽工程检查验收记录	预埋导线管、接地引下线、接地装置、不进人吊环、电缆沟管线、门窗及幕墙与引下线连接	施工单位为主,监理、设计、建设单位等参加,形成验收文件,并签认
	电气工程材料设备资料	电线、电缆、变配电设备及附件、照明灯具、开关、插座等	线缆及变配电设备等产品合格证、质量证明文件、进口材料商检证、进场验收单、设备使用说明书,施工单位形成收集,监理检查认可
	隐蔽工程检查验收记录	预埋导线管、接地引下线、接地装置、不进人吊环、电缆沟管线、门窗及幕墙与引下线连接	施工单位为主,监理、设计、建设单位等参加,形成验收文件,并签认

续表

资料项目及编号	资料名称	主要内容	起草批准、参与及收集单位
建筑电气 C04	施工检查记录表	有关质量状况及控制的内容,企业自控用表	施工单位形成
	交接检记录	有关验收及控制的内容	前道工序施工单位形成,后道工序检查接受,形成文件,监理检查认可
	建筑电气接地电阻测试、电气绝缘测试、电器通电安全测试、设备空载试运行、照明通电试运行、大型灯具承载试验、高压电器试验、漏电保护试验、电度表检定记录、避雷带支架拉力试验及大容量电气线路结点测温记录等	试验内容、方法、标准、结果、数据	施工单位或有关单位形成,监理检查认可
通风空调 C05	通风空调工程材料、设备资料	制冷、空调机组、管道配件及闸阀、压力计、温度计等	有关设备、配件合格证、质量证明文件、装箱清单、使用说明书、进场验收记录、进口商品商检证等,由施工单位形成及收集,监理检查认可
	隐蔽工程检查验收记录	不进人吊顶内设备、管道、配件安装质量,保温、防腐管道、设备附件安装及保温防腐质量	施工单位为主建设、监理、设计等参加,形成验收文件,并签认
	施工检查记录	有关质量状况及控制措施、施工企业自控资料	施工单位形成
	交接检记录	有关质量验收及控制的内容	前道工序施工单位形成,后道检查接受,形成文件,监理检查认可

续表

资料项目及编号	资料名称	主要内容	起草批准、参与及收集单位
通风空调 C05	风管漏光、漏风检测记录、除声器、空调机检测记录、空调房间温度测量记录、空调系统试运转记录、管网风量平衡记录、净化空调系统测试记录、防排烟系统测试记录等	试验内容、方法、标准、结果、数据	施工单位及有关单位形成,监理检查认可
电梯安装工程 C06	电梯安装工程材料、设备资料	主要设备、附件、电线电缆等	设备材料产品合格证、质量证明文件、装箱清单、安装技术文件及使用说明书、进场验收记录、进口商品商检证等,由施工单位形成及收集,监理检查认可
	隐蔽工程检查验收记录	承重梁、起重吊环、导轨螺栓埋设、钢丝绳头组合等	施工单位为主监理、建设单位参加,形成验收文件,并签认
	建筑结构(土建)交接检验记录	梯井、垂直度、几何尺寸、预埋件等	电梯安装单位为主,建筑与结构施工单位参加形成验收文件,监理检查认可
电梯安装工程 C06	电梯安装施工记录	主要内容及质量情况	电梯安装单位形成,监理检查认可
	电梯:安全保护、安全装置或功能验收、安全开关动作可靠验收、安全开关动作可靠验收、限速器安全钳联动试验、层门轿门试验、曳引能力试验、液压超载试验等	试验方法、内容、标准、结果、数据	电梯安装单位及有关单位形成,监理检查认可
智能建筑 C07	智能建筑工程材料、设备资料	线缆、导管材料、硬件设备、软件产品及系统接口	主要材料产品合格证、质量证明文件、产品技术文件、使用说明书、进场验收记录、产品通电检查记录、使用许可证及使用范围、进口商品中文商检证等,由施工单位形成及收集,监理认可

续表

资料项目及编号	资料名称	主要内容	起草批准、参与及收集单位
智能建筑 C07	隐蔽工程检查验收记录	埋设管线、不进入吊顶内、管道井内等布线	施工单位为主及建设、监理等单位参加,形成验收文件,并签字
	施工检查记录	有关过程的质量状况及控制措施	施工单位形成
	交接检记录	与结构、装饰、给水排水、建筑电气、通风空调和电梯等接口确认	由前道工序施工单位形成,后道工序检查接受形成文件,监理检查认可
	通信网络系统、信息网络系统、建筑设备监控系统、火灾自动报警及消防联动系统、安全防范系统、综合布线系统、智能化系统集成、环境、住宅(小区)智能化,各系统的系统检测及电源及接地检测等	检测方案、设备、程序、检测结论及处理等	施工单位及有关单位形成,监理检查认可
燃气工程 C08	燃气工程材料、设备资料		
	隐蔽工程验收记录		
	施工检查记录		
	交接检记录		
	检测试验记录		
	隐蔽工程检查验收记录		
评价标准 C09			
监督管理 C010			
验收及备案 C011			

(1) 竣工图的作用

竣工图是各项建设工程的真实记录和实际反映，是工程资料的重要组成部分，是工程竣工验收的必备条件，是工程维修、管理、改建、扩建的依据。各项新建、改建、扩建项目均应编制竣工图。

竣工图按合同约定应由施工单位负责编制，设计、监理单位监督指导，建设单位汇总整理。

(2) 竣工图的形成过程

1) 凡按施工图施工没有变更的，由施工单位或建设单位委托单位在原施工图图标右上角空白处加盖竣工图章，经施工、监理单位审签后即为竣工图。

2) 凡在施工中，有一般性图纸变更，编制单位可根据设计变更，在原施工图上直接改绘，并注记修改依据，在施工图图标右上角空白处加盖竣工图章后，经施工、监理单位审签后即作为竣工图。

3) 凡结构形式改变、工艺改变、平面布置改变、项目改变等重大改变及图面改变超过 1/3 的，应重新绘制竣工图。重新绘制的图纸必须有图名和图号，图号可按原施工图编号。

4) 编制竣工图应按专业进行，各专业竣工图分别编制图纸目录。绘制的竣工图应准确、清楚、完整、规范，修改应到位，真实反映项目竣工验收时的实际情况，做到图纸和实物相符。竣工图应符合国家建筑制图规范要求，使用绘图笔或签字笔及不褪色的绘图墨水绘制。

5) 利用施工蓝图改绘竣工图的注意事项。

① 在施工蓝图上一般采用杠（划）改、叉改法，局部修改可以圈出更改部位，在原图空白处绘出更改内容，所有变更处都必须引画索引线并注明更改依据。

② 在施工图上改绘，不得在复印的图纸上改绘，不得使用涂改液涂抹、刀刮、补贴等方法修改图纸。

③ 具体的改绘方法可视图面、改动范围和位置、繁简程度

等实际情况而定。

(3) 竣工图主要内容

建筑工程竣工图应按单位工程,并根据各专业、系统进行分类整理。

1) 综合竣工图:

① 总平面布置图:包括建筑、建筑小品、水景、照明、道路、绿化等;

② 竖向布置图;

③ 室外给水、排水、热力、燃气等管网综合图;

④ 电力及智能化系统:包括电力、电信、电视系统等综合图;

⑤ 设计总说明书;

⑥ 室外专业图:包括给水、雨水、污水、热力、燃气、电信、电力、电视、建筑小品、消防、照明、水景、道路、绿化等。

2) 专业竣工图:包括建筑竣工图、结构竣工图、装饰装修工程竣工图、给水排水及采暖工(消防工程)竣工图、电气工程竣工图、智能化系统工程竣工图、通风空调工程竣工图、燃气工程竣工图等。

1.5 工程资料的计算机管理

工程资料实行全过程计算机管理,推行工程资料管理软件,全部工程资料由计算机处理生成,在局域网内进行管理,实现无纸办公,全部工程资料由计算机整理成工程档案刻制成光盘,直接移交电子档案光盘。也可以在电子档案验收合格后,微缩成微缩制品载体资料,以方便保存。

1.5.1 工程资料计算机管理的基本要求

(1) 国家和省市重点工程、大型公建工程及有条件的工程建设项目等建筑工程资料的管理宜采用计算机进行。按规定报送有关电子档案和声像档案。

（2）其他工程资料的各种文件、记录、表格的管理及生成宜推行用计算机进行，有关工程资料的形成、收集、整理宜采用计算机，大力推行工程资料的电子化管理。

（3）纸质载体的工程档案经有关部门验收合格后，进行电子工程档案的光盘刻制；在移交电子工程资料档案时，应符合电子文档的有关规定。

1.5.2 优先用计算机形成工程资料

（1）现场记录用计算机，现场检查记录用掌上电脑记录，现场成形，该签字认可的现场电脑上签字，从现场回来，将检查结果传输到计算机座机上。

（2）逐步实现计算机上签认验收，对一些由监理单位、建设单位、设计单位等有关人员签认的工程资料，如检验批、分项工程质量验收等，先由施工单位检查评定合格后，再交监理工程师检查签认，可以在计算机上签认。

（3）实现检测数据自动采录，对一些试验室的试验数据实行自动采录，减少人工抄录的工作量大、可靠度低和容易更改的缺陷，达到自动生成检测报告，改动权限控制的目的。

1.6 工程资料的整理

1.6.1 工程资料整理的原则

（1）对与工程建设有关的重要活动、记载工程建设主要过程和现状、具有保存价值的各种载体的工程资料，均应收集、整理和立卷保存。

（2）工程资料整理要遵循工程文件自然形成规律，保持卷内文件的有机联系，便于档案的保管和查阅利用。

（3）一个建设工程项目由多个单位工程组成时，工程资料应按单位工程分别进行整理。如果工程项目较小，单位工程也较小时，也可按同类型工程，几个单位工程为一个工程资料的载体进行整理。

(4) 工程资料按分类及编号顺序依次进行整理和立卷。工程资料的具体整理顺序及范围应符合有关规定的要求。

1.6.2 工程资料整理的方法

(1) 工程资料可按建设程序划分为工程立项及准备阶段工程资料、监理工程资料、施工资料、竣工图、竣工验收工程资料等部分；

(2) 工程立项及准备阶段工程资料可按建设程序、专业、形成单位等组卷；

(3) 监理资料施工资料可按单位工程、分部工程、专业、阶段等组卷；

(4) 竣工图和竣工验收工程资料可按单位工程、专业等组卷；

(5) 案卷不宜过厚，一般不超过40mm；

(6) 案卷内不应有重复文件；不同载体的文件一般应分别组卷。

1.6.3 工程资料卷内排列

1. 卷内工程资料排列

(1) 文字材料按事项、专业顺序排列。同一事项的请示与批复、同一文件的印本与定稿、主件与附件不能分开，并按批复在前、请示在后，印本在前、定稿在后，主件在前、附件在后的顺序排列。

(2) 图纸按专业排列，同专业图纸按图号顺序排列。

(3) 既有文字材料又有图纸的案卷，文字材料排前，图纸排后。

2. 卷内工程资料页号的编排

(1) 卷内工程资料均按有书写内容的页面编号。每卷单独编号，页号从"1"开始。

(2) 页号编写位置：单面书写的工程资料在右下角；双面书写的工程资料正面在右下角；背面在左下角。折叠后的图纸一律在右下角。

（3）功成套图纸或印刷成册的科技文件材料，自成一卷的，原目录可代替卷内目录，不必重新编写页码。

（4）卷的封面、卷内目录、卷内备考表不编写页号。

3. 卷内工程资料目录的编写

（1）卷内目录如式样要求。

（2）卷内填写要求：序号以一份文件为单位，用阿拉伯数字从"1"依次标注。责任者为填写文件的直接形成单位和个人。有多个责任者时，选择两个主要责任者，其余用"等"代替。

文件编号填写工程文件原来的文号或图号。文件题名填写文件标题的全称。日期填写文件形成日期。页次填写文件在卷内所排的起始页号。最后一份文件填写起止页号。

（3）卷内目录排列在卷内文件首页之前。

（4）卷内备考表如式样的要求，主要标明卷内文件的总页数、各类文件页数（照片张数），以及立卷单位对案卷情况的说明等放在卷内尾页之后。

1.6.4 案卷封面及装订

1. 案卷封面编制

（1）案卷封面印刷在卷盒、卷夹的正表面，如式样要求。

（2）案卷封面的内容包括：档号、档案馆（室）代号、案卷题名、编制单位、起止日期、密级、保管期限、共几卷、第几卷。

（3）档号、档案馆（室）代号由档案馆填写。

（4）案卷题名应简明、准确地揭示卷内文件的内容。案卷题名应包括工程名称、专业名称、卷内文件的内容。

（5）保管期限分为永久、长期、短期三种期限。

1）永久是指工程档案需永久保存。

2）长期是指工程档案的保存期限等于该工程的使用寿命。

3）短期是指工程档案保存 20 年以下。

同一案卷内有不同保管期限的文件，以期限长的为该卷保管期。

（6）案卷密级按工程本身规定的密级。同一案卷内有不同密级的文件，以高密级为该卷密级。

（7）卷内目录、卷内备考表、案卷内封面应采用 $70g/m^2$ 以上白色书写纸制作。

2. 工程资料装订

（1）工程资料可采用装订与不装订两种形式。文字材料必须装订。既有文字材料，又有图纸的案卷可装订。装订用线绳三孔左侧装订法，要整齐、牢固，便于保管和查阅利用。同时注意剔除金属物。

（2）案卷规格。卷内资料、封面、目录、备考表的幅面统一采用 A4 幅面。

（3）案卷装具用外表尺寸为 310mm×220mm，厚度分别为 20mm、30mm、40mm、50mm 的盒袋或外表尺寸为 310mm×220mm，厚度一般为 20～30mm 的夹或袋。

（4）案卷脊背注明档号、案卷题名，如式样要求。

（5）竣工图的装订。不同幅面的工程图纸应统一折叠成 A4 幅面（297mm×210mm），图标栏露在外面。

1.7　工程资料的验收

工程资料验收是工程竣工验收的重要组成部分，工程竣工验收和工程资料验收应同步进行。

（1）工程竣工验收前，各参建单位的技术负责人应对本单位形成的工程资料（包括纸质载体、电子工程档案及有关声像档案）进行竣工审查；建设单位应按照国家验收规范规定和城建档案管理的有关要求，对勘察、设计、监理、施工单位汇总的工程资料进行验收，使其达到完整、准确，并能够反映工程建设活动的全过程。

（2）单位（子单位）工程完工后，施工单位应自行组织有关人员，对相应的竣工资料（包括分包单位的竣工资料）进行检查，自检符合要求后，填写《单位（子单位）工程竣工工程资料报验表》，报工程项目监理部申请工程资料验收（预验收）。

（3）总监理工程师组织项目监理部人员与施工单位进行检查验收，合格后总监理工程师签署《单位工程竣工工程资料审批表》

国家、市重点工程项目、大型工程项目或列入城建档案馆接受工程的工程资料，应邀请城建档案馆参加验收。验收合格后，进行电子工程档案的光盘刻制。

（4）属于城建档案馆接收范围的工程档案，还应由城建档案管理部门对工程档案资料进行预验收，并出具《建设工程竣工档案预验收意见》。经城建档案馆验收不合格的，应由城建档案馆责成建设单位重新进行编制，符合要求后重新报送。工程资料预验收不合格，不应进行工程验收，应重新编制或整理工程资料。

（5）施工工程资料的验收

单位工程施工完工，施工单位应对施工工程资料进行整理和自验收，自行检查评定合格后，可交监理单位进行预验收，预验收监理认可后，施工单位应向建设单位写出验收报告，同时将整理好的施工工程资料附上。作为单位工程质量验收的重要内容，当单位工程质量验收通过后，施工单位应及时将工程及工程资料移交建设单位。

（6）工程备案资料

单位工程质量验收通过后，建设单位应按有关规定在规定时限内，按规定整理有关备案资料，到政府建设主管部门备案机构进行备案，备案机构确认竣工备案文件齐全收讫后，然后才能正式投入使用。为了能被政府主管部门备案机构通过收讫，可先组织监理等进行预验收。

2 施工管理资料

2.1 施工技术管理资料

2.1.1 工程概况

工程概况包括工程项目概况和单位工程概况,工程项目概况由建设单位填写,工程概况由施工企业填写。

1. 工程项目概况表填写说明

本表由建设单位填写,主要注意以下几点:

(1) 工程名称:填写工程名称的全称,与合同、招投文件中的名称一致。

(2) 工程地址:要填详细的地址。包括街名、门牌号等。

(3) 规划用地许可证号、规划许可证号,分别填写批准用地、批准规划方案的文件的文号。

(4) 施工许可证号:填写主管部门批准颁发的施工许可证书的文号。

(5) 工程预(决)算:如决算定了应按竣工决算填写,没有决算完按预算填写。

(6) 开竣工日期:填写实际开工、竣工日期。

(7) 建设单位的情况如实填写,单位名称、地址、邮政编码、单位代码、联系人及电话、上级主管有就填写,没有就不用填写。

(8) 工程有关单位:单位名称、联系人、联系电话,如实填写单位全称。

(9) 建筑面积,占地面积及主要建筑物最高高度,填写实际竣工的面积、实际占地面积及实际最高高度。

(10) 填表单位、填表人、审核人，由建设单位有关人员填写，并签名以承担责任。

(11) 工程项目概况表见表 2-1

工程项目概况表　　　　　表 2-1

工程名称				
工程地址				
规划用地许可证号		规划许可证号		
施工许可证		工程预(决)算(元)		
开工日期		竣工日期		
建设单位	单位名称		单位代码	
	单位地址		邮政编码	
	联系人		电话	
	建设单位上级主管	单位名称	联系人	联系电话
有关单位				
产权单位				
规划批准单位				
设计单位				
施工单位				
监理单位				
勘察单位				
物业管理单位				
使用单位				
总建筑面积（m^2）		总占地面积（m^2）		
填表单位			填表人	
审核人			填表日期	

注：本表由建设单位填写并保存。

2. 工程概况表填写说明

本表是对工程本身、参建单位等工程基本情况的简要描述，以便对工程及建设情况有概括性了解，包括单位工程的一般情况、构造特征、设备系统，以及参与工程建设的建设单位、勘察单位、设计单位、监理单位、施工单位（总包）等的情况，是一项工程的基本资料。

（1）"一般情况"栏应填写工程名称、建设地点、建设单位、设计单位、监理单位、施工单位、建筑面积、开竣工日期、结构类型、建筑层数等。各栏的填写应注意：

1）"工程名称"栏要填写全称，应与建设工程规划许可证、建设工程施工许可证、施工图纸中图签的名称一致。建筑面积、开竣工日期、结构类型、建筑层数等如实填写，建筑面积、结构类型、建筑层数与施工图中一致，开竣工日期要是实际开工、竣工的日期。

2）"建设地点"栏应填写邮政地址，写明市区（县）、街道门牌号。

3）建设单位、设计单位、监理单位、施工单位的填写均用法人单位的名称全称，应与有关合同中的名称一致。

（2）"构造特征"栏应结合工程设计要求，按照设计文件简要描述地基与基础，柱、内外墙，梁、板、楼盖，内、外墙装饰，楼地面装饰，屋面构造，抗震等级，防火设施及安装工程等主要项目及内容，应做到重点突出，描述全面简明。安装工程应简要描述工程所含各安装系统名称及主要设备名称。

（3）"其他"栏中可填写一个具体工程独自具有的某些特征或特殊需要说明的内容，还可以填写采用的新材料、新产品、新技术、新工艺等。

（4）本表由施工单位填写，填表人及日期应如实填写。

（5）工程概况表见表2-2。

工程概况表 表 2-2

工程名称：				编号：
一般情况	建设单位		建设地点	
	勘察单位		建筑面积	
	设计单位		结构类型/层数	
	监理单位		开工日期	
	施工单位		竣工日期	
构造特征	地基与基础			
	柱、内外墙			
	梁、板、楼盖			
	外墙装饰			
	内墙装饰			
	楼地面装饰			
	屋面构造			
	抗震等级			
	防火设备			
	安装工程			
其他				

注：本表由施工单位填写。

2.1.2 施工现场质量管理检查记录表

本表为《建筑工程施工质量验收统一标准》(GB 50300—2013) 第 3.0.1 条的附录 A.0.1 表（本书表号 2-3）。

一般一个标段或一个单位（子单位）工程检查一次，在开工前检查，由施工单位现场负责人填写，由监理单位的总监理工程师（建设单位项目负责人）验收。下面分三个部分来说明填表要求和填写方法。

1. 表头部分

介绍工程建设各方责任主体的概况,由施工单位的现场负责人填写。

(1) 工程名称栏

应填写工程名称的全称,与合同或招投标文件中的工程名称一致。

(2) 施工许可证(开工证)

应填写当地建设行政主管部门批准发给的施工许可证(开工证)的编号。

(3) 建设单位栏

填写合同文件中的甲方,单位名称应写全称,与合同签章上的单位名称相同。

(4) 建设单位项目负责人栏

应填合同书上签字人或签字人以文字形式委托的代表——工程项目负责人。工程完工后竣工验收备案表中的单位项目负责人应与此一致。

(5) 设计单位栏

填写设计合同中签章单位的名称,其全称应与印章上的名称一致。

(6) 设计单位的项目负责人栏

应是设计合同书签字人或签字人以文字形式委托的该项目负责人,工程完工后竣工验收备案表中的单位项目负责人也应与此一致。

(7) 监理单位栏

填写单位全称,应与合同或协议书中的名称一致。

(8) 总监理工程师栏

应填写合同或协议书中明确的项目监理负责人,也可以是监理单位以文件形式明确的该项目监理负责人,此负责人必须有监理工程师任职资格证书,专业要对口。

(9) 施工单位栏

填写施工合同中签章单位的全称，与签章上的名称一致。

（10）项目经理栏、项目技术负责人栏

填写的人名应与合同中明确的项目经理、项目技术负责人一致。

（11）表头部分可统一填写，不需具体人员签名，只是明确了负责人的地位。

2. 检查项目部分

填写各项检查项目文件名称或编号，并将文件（复印件或原件）附在表的后面供检查，检查后应将文件归还。

（1）现场质量管理制度

主要是图纸会审、设计交底、技术交底、施工组织设计编制审批程序、工序交接、质量检查评定制度、质量奖罚办法，以及质量例会制度及质量问题处理制度等。

（2）质量责任制栏

包括质量负责人的分工、各项质量责任的落实规定、定期检查及有关人员奖罚制度等。

（3）主要专业工种操作上岗证书栏

包括测量工和起重、塔吊等垂直运输司机，钢筋、混凝土、机械、焊接、瓦工、防水工等建筑结构工种。电工、管道等安装工种的上岗证，以当地建设行政主管部门的规定为准。

（4）分包单位的管理制度栏

专业承包单位的资质应在其承包业务的范围内承建工程，超出范围的应办理特许证书，否则不能承包工程。在有分包的情况下，总承包单位应有管理分包单位的制度，主要是质量、技术的管理制度等。

（5）施工图审查情况及图纸会审记录栏

重点是看建设行政主管部门出具的施工图审批准书及审查机构出具的审查报告。如果图纸是分批交出，施工图审查及会审可分段进行。

（6）地质勘察资料栏

有勘察资质的单位出具的正式地质勘察报告,地下部位施工方案制定和施工组织总平面图编制时参考等。

(7) 施工技术标准栏

它是操作的依据和保证工程质量的基础,承建企业应编制不低于国家质量规范的操作规程等企业标准。要有批准程序,由企业的总工程师、技术委员会负责人审查批准,有批准日期、执行日期、企业标准编号及标准名称。企业应建立技术标准档案,施工现场应配有施工技术标准。可作培训工人、技术交底和施工操作的主要依据,也是质量检查评定的标准。

(8) 施工组织设计、施工方案及审批栏

检查编写内容、针对性的具体措施,编制程序、内容、编制单位、审核单位、批准单位,以及贯彻执行的措施。

(9) 物资采购管理制度栏

物资包括工程原材料、构配件,设备、安全劳保用品等都要建立采购制度物流制度,保管、保养制度。

(10) 施工设施和机械设备管理制度栏

主要建立施工现场用电,大型机械施工设施,搅拌站设施及操作人员上岗位等的管理制度,塔吊等设备的验收合格挂牌制度,和日常巡检、抽检维护制度。

(11) 计量设备配备栏

建立计量设备的标定、使用、维护的管理制度。

(12) 检测试验管理制度栏

建立见证取样检测制度、检测试验标准管理制度,检测项目准入制度,检测上岗人员培训和技术岗位上岗证制度。

(13) 工程质量检查验收制度栏

包括三个方面的检验,一是原材料、设备进场检验制度;二是施工过程试验报告;三是分部分项、检验批质量的验收制度。应专门制定抽测项目、抽测时间、抽测单位检验划分,混凝土试件留置等计划,使监理、建设单位等都做到心中有数。它可以单独搞一个计划,也可在施工组织设计中作为一项内容。

3. 施工现场质量管理工作检查记录

施工现场质量管理工作检查记录应由施工单位按表2-3填写，总监理工程师进行检查，并做出检查结论。

施工现场质量管理检查记录　　　　　表2-3

开工日期：

工程名称		施工许可证号		
建设单位		项目负责人		
设计单位		项目负责人		
监理单位		总监理工程师		
施工单位		项目负责人		项目技术负责人
			主要内容	

序号	项目	主要内容
1	项目部质量管理体系	
2	现场质量责任制	
3	主要专业工种操作岗位证书	
4	分包单位管理制度	
5	图纸会审记录	
6	地质勘察资料	
7	施工技术标准	
8	施工组织设计编制及审批	
9	物资采购管理制度	
10	施工设施和机械设备管理制度	
11	计量设备配备	
12	检测试验管理制度	
13	工程质量检查验收制度	
14		

自检结果：	检查结论：
施工单位项目负责人：　　年　月　日	总监理工程师：　　年　月　日

2.1.3 技术交底记录

技术交底有三个层次：一是设计人员向施工单位交底，二是施工单位的技术负责人向有关技术人员交底；三是有关技术人员向施工班组操作人员交底。这里主要是指第三部分。

施工技术交底是指工程施工前由主持编制该工程技术文件的有关人员向实施工程的技术管理人员说明该工程在技术上、作业上要注意和明确的问题，是施工企业一项重要的技术管理制度。

本表是通用表，但多数为工程施工前由交底人向被交底人说明工程操作要点，质量要求和应采取的技术措施及安全注意事项的记录文件，以便分清管理与操作的责任。

1. 技术交底记录填写说明

（1）表头内容

表头部分"工程名称"填写合同文件上的工程全称。"施工单位"填写合同文件上的全称。"分项工程名称"填写分项工程全称及所在分部工程全称。"交底提要"要明确交底保证的质量、安全重点以及工作难点。"交底日期"很重要，一定要实事求是填写。实际交底必须在施工前进行。

（2）技术交底的内容

1) 技术交底包括施工组织设计交底、专项施工方案技术交底、分项工程施工技术交底、"四新"（新材料、新产品、新技术、新工艺）技术交底和设计变更技术交底，各项交底应有文字记录，交底双方签字应齐全；交底内容：对于不同的施工阶段、不同的工程特性，都必须保证实施该工程的技术管理人员和操作人员始终了解其管理和操作的重点。

2) 重点和大型工程施工组织设计交底应由施工企业的技术负责人对项目主要技术管理人员进行交底。其他工程施工组织设计交底应由项目技术负责人进行交底；施工组织设计交底的内容包括：工程特点、难点、工程质量要求、主要施工工艺及施工方法、进度安排、组织机构设置与分工、质量安全技术措施、质量重点、安全重点等。

3) 专项施工方案技术交底应由项目专业技术负责人负责，根据专项施工方案对专业工长进行交底，如关键、特殊工序的作业指导书以及特殊环境、特种作业的指导书，必须向施工作业人员交底，交底内容为该专业工程工序的施工工艺、操作方法、质量控制、安全措施等。

4) 分项工程施工技术交底应由专业工长对专业施工班组（或专业分包）进行交底，内容同3）。

5) "四新"技术交底应由项目技术负责人向有关专业人员交底，以便落实到管理及操作人员。

6) 设计变更技术交底应由项目技术负责人根据变更要求，并结合具体施工步骤、措施、注意事项等对专业工长进行交底。

(3) 技术交底注意事项

1) 技术交底必须在该交底对应项目施工前进行，并应为施工留出足够的准备时间。技术交底不得后补。

2) 技术交底应以书面形式进行，并辅以口头讲解。交底人和被交底人应履行交接签字手续。技术交底文件应及时归档。

3) 技术交底应根据施工过程的变化，及时补充新内容。施工方案、方法改变时也要及时进行重新交底。

4) 分包单位应负责其分包范围内技术交底资料的收集整理，并应在规定时间内向总包单位移交。总包单位负责对各分包单位技术交底工作进行指导监督和检查。

2. 技术交底记录表（表2-4）

2.1.4 图纸会审记录

1. 图纸会审的组织及流程

(1) 图纸会审应由建设单位组织设计、监理和施工单位技术负责人及有关人员参加。审计单位对各专业提出的问题进行交底，施工单位（或监理单位）负责将设计交底的内容按专业汇总、整理，形成图纸会审记录。图纸会审由建设单位组织。

(2) 施工单位领取图纸后，应由项目技术负责人组织技术、生产、预算、测量、翻样及分向方等有关部门的人员对图纸进行审查，准备图纸会审中需解决的问题。

技术交底记录　　　　　　　　表 2-4

工程名称：				编号：	
工程部位		交底日期			
施工单位		分项工程名称			
交底提要					

交底内容：

审核人：	交底人：
年　月　日	年　月　日

接受交底人：

年　月　日

注：本表由施工单位填写，交底人员与接受交底人员各保存一份。

（3）监理、施工单位应将各自提出的图纸问题及意见，按专业整理、汇总后报建设单位，由建设单位提交设计单位以便做好交底准备。

（4）图纸会审记录应由建设、设计、监理和施工单位的项目相关负责人签认，形成正式图纸会审记录。不得擅自涂改或变更会审记录上的内容。

2. 图纸会审的主要内容

（1）应重点审查施工图的有效性、对施工条件的适应性及各专业之间、全图与详图之间的协同一致性等。

（2）审查建筑、结构、设备安装等设计图纸是否齐全，手续是否完备；设计是否符合国家参考的经济和技术政策、规范规定，图纸总做法说明包括分项工程做法说明是否齐全、清楚、明确，与建筑、结构、安装、装饰图纸及节点大样图之间有无矛盾；设计图纸（平、立、剖、构件布置，节点大样）之间相互配合的尺寸是否相符；分尺寸与总尺寸，大、小样图，建筑图与结构图，建筑结构与水电安装图之间互相配合的尺寸是否一致；设计图纸本身、建筑构造、结构构造、结构各构件之间，在立体空间上有无矛盾；预留孔洞、预埋件、大样图或采用标准构配件图的型号、尺寸有无错误与矛盾等。

（3）总图的建筑物坐标位置与单位工程建筑平面图是否一致；建筑物的设计标高是否符合城市规划要求；地基与基础的实际情况是否相符；建筑物与地下构筑物及管线之间有无矛盾。

（4）主要结构设计在保证工程质量和安全施工方面所采取的措施。

（5）对于图纸中的结构方案、建筑装饰，施工单位的施工能力、技术水平、技术装备能否满足其要求；采用新技术、新工艺，施工单位有无困难；所需特殊建筑材料的品种、规格、数量能否解决，专用机械设备能否保证等。

（6）安装专业的设备、管架、钢结构立柱、金属结构平台、电缆、电线支架以及设备基础是否与工艺图、电气图、设备安装图和到货的设备相一致；随机到货图纸和出厂资料是否齐全，技术要求是否与设计图纸及设计技术文件相一致；底座同基础是否一致；管口相对位置、接管规格、材质、坐标、标高是否与设计图纸一致；管道、设备及管件需防腐衬里、脱脂及特殊清洗时，技术要求是否切实可行。

3. 图纸会审记录表的填写

（1）表头部分

1)"工程名称"、"结构类型"、"建筑面积"栏应与施工图纸一致。填写全称。

2)"会审日期"、"会审地点"、"专业名称"栏按实际情况填写。不能空缺。

3)"图号"应根据施工图中的图号填写。

4)"图纸问题"应将具体的轴线范围或所在位置明确表达以

便查找。说明问题的情况、原因及所采取的解决措施。

(2)"参会人员"应填写实际参加图纸会审的人员,并签名填写日期。

4. 图纸会审记录表(表 2-5)

图纸会审记录 表 2-5

工程名称:　　　　　　　　　　　　　　　　编号:

层数		结构类型		会审日期	
会审地点		建筑面积		专业名称	
序号	图号	图纸问题		图纸问题交底	
参会人员					
建设单位(项目)负责人:	专业监理工程师:	设计负责人:	施工单位:		项目技术负责人:
年 月 日	年 月 日	年 月 日	年 月 日		年 月 日

注:本表由施工单位整理、汇总,建设单位、监理单位、设计单位、施工单位各保存一份。

2.1.5 设计变更通知单

本表为设计文件的补充,是记录设计完成后或施工过程中,对设计文件进行的局部修改内容的记录,必须由原设计单位负责人签认,与设计文件有同等效力。

1.《设计变更通知单》的填写

(1)表头部分的"工程名称"、"施工单位"、"设计单位"的填写应与相关合同中的名称一致,并填写全称。

(2)设计变更的提出,设计变更是施工过程中,由于设计图纸本身差错,设计图与实际情况不符,使用功能及施工条件变化,原材料变化,及职工提出合理化建议等原因,需要对设计图纸部分内容进行修改而办理的变更的设计文件。设计变更是施工图的补充和修改的记载，应及时办理，内容详实，必要时应附图，并逐条注明应修改图纸的图号。

（3）设计变更应由设计单位提出变更通知单，设计变更通知单应由设计专业负责人签认。

（4）由施工单位提出变更时，如材料代换、细部尺寸修改等重大技术问题，必须征得设计单位和建设、监理单位的同意。

（5）由建设单位对建筑构造、细部做法、使用功能等方面提出设计变更时，必须经过设计单位同意，并由设计单位签发设计变更通知单或设计变更图纸。

2.1.6 见证取样送检记录

见证取样送检的目的是规范在建工程中涉及结构安全的试块、试件和材料的取样和送检工作，保证工程质量。见证人是建设单位或工程监理单位持有见证取样证书的有关人员，在其见证下取样送检，以验证取样检测的正确性。见证取样送捡的试块、试件及材料要填写此表。

1. 见证取样送检的主要项目及数量

（1）主要工程材料设备性能试验项目与试件取样应该严格按照工程质量验收规范中组批原则及取样规定进行，规定进行见证取样的部分应及时见证取样送检。

（2）应见证取样送检的材料、构配件，经检测达到合格后方能报验投入使用。

（3）见证取样和送检项目分别是：

1）混凝土试块；
2）墙体的砌筑砂浆试块；
3）结构钢筋及连接接头试验；
4）用于砌筑墙体的砖和混凝土小型砌块；
5）用于拌制混凝土和砌筑砂浆的水泥；
6）用于结构的混凝土中使用的掺加剂；
7）地下、屋面、厕浴间使用的防水材料；

8）建筑节能工程的原材料及功能性试验；

9）幕墙工程的原材料及功能性试验；

10）国家规定必须实行见证取样和送检的其他试块、试件和材料。

2.《见证取样送检记录》的填写

（1）见证取样和送检的试件必须逐项记录，将"取样名称"、"取样数量"、"取样部位"、取样人、见证人签名及日期如实填写，序号可按时间先后列序，也可按种类、部位单独列序。

（2）取样人、见证人、见证单位应与检测中心的取样人、见证人、见证单位一致。

（3）"取样名称"、"取样数量"、"取样部位"应根据实际情况填写。

（4）"取样签名"、"见证人签名"应与送检单中填写一致。

（5）规模较小的单位工程，可将各种材料取样放在同一张表中；规模较大的单位工程，可根据情况进行分类记录，比如：钢筋原材料、钢筋焊接、混凝土试块等。

（6）完成后制表人签名，并如实填写本表的完成日期。

3. 见证取样送检记录表（表2-6）

2.1.7 施工日记

施工日记是单位工程在施工过程中对有关施工技术和管理工作的原始记录，是施工活动各方面情况的综合记载，是查阅施工状况全过程十分重要和可靠的根据之一。

1. 施工日记的内容

（1）日期、天气。

（2）工程部位、施工队组。

（3）施工活动记载如下：

1）主要分部、分项工程施工的起、止日期；

2）施工阶段特殊情况（停电、停水、停工、窝工等）的记录；

3）质量、安全、设备事故（或未遂事故）发生的原因，处理意见和处理方法的记录；

见证取样送检记录　　　　　　表 2-6

记录编号：

工程名称		×××××		
材料名称		×××××	生产厂家	×××××
材料品种		×××××	材料出厂编号	×××××
试件规格型号		×××××	材料进场时间	×××××
材料进场数量		×××××	代号数量	×××××
试样编号		×××××	取样组数	×××××
抽样时间		×××××	取样地点	×××××
使用部位（取样部位）		×××××		
检测项目		×××××		
检测结果判定依据	产品标准	×××××		
	验收规范	×××××		
	设计要求	×××××		
抽样人	签字	×××××	见证人 签字	×××××
	日期	×××××	日期	×××××
见证送检章		（此处加盖见证送检章）		
送检情况	检测单位	×××××		
	送检时间	×××××		

4）设计单位在现场解决问题的记录（若变更设计应由设计单位出变更设计联系单）；

5）变更施工方法或在紧急情况下采取的特殊措施和施工方法的记录；

6）进行技术交底、技术复核和隐蔽工程验收等的摘要记载；

7）有关领导或部门对该项工程所作的决定或建议；

8）其他（砂浆试块编号、混凝土试块编号等）。

2. 施工日记的填写

（1）施工日记应从工程开始施工起至工程竣工止，由单位工程负责人逐日进行记载，要求记载的内容必须连续和完整。

（2）施工日记应以单位工程为记载对象，对于同一建设单位的不同单位工程，也可同册记载，但内容必须按楼号分别记录。

（3）施工日记的格式详见表2-7。

施工日记　　　　　　　　　　表2-7

工程名称：　　　　　　　　　　　　　　　　　　　　　页号：

日期	年 月 日	星期		最高气温　℃	上午	晴阴雨雪
				最低气温　℃	下午	晴阴雨雪

施工内容及情况：（施工部位、内容、机械、人员等）

技术质量安全工作记录存在问题及处理情况：

项目技术负责人：	施工记录：
	年　月　日

2.1.8 工程定位测量记录

本表是工程开工前的一项重要的记录，是保证工程位置、标高正确的必须程序。项目技术负责人应重视这项工作，并做好记录，测量成果附在表后。

1. 工程定位测量的内容

（1）主要内容：工程定位测量对象主要包括建筑物位置线、现场标准水准点、坐标点（包括场地控制网或建筑物控制网、标准定位轴线桩等，）测绘部门应以《建设工程规划许可证》（含附件、附图）批准的建筑工程位置及标高为依据，测定出建筑物红线桩。

（2）建筑红线、场地控制网由测绘部门测量，并提供测量成果（文件及附图）。

（3）建筑物位置线，由专业测量单位（或人员）根据测绘部门提供的测量成果、红线桩及场地控网（或建筑的控制网），测定建筑物位置、主控轴线及尺寸，绘制成图。

（4）标准水准点。标准水准点由规划部门提供，用来作为引入拟建建筑物标高的依据，一般为 2～3 点，在使用前必须进行校核，测定建筑物±0.000 绝对高程。

（5）工程定位测量记录包括内容：

1）校核标准轴线桩点、平面控制网。

2）校核引进现场施工用水准点。

3）检查计算资料及成果，填写工程定位测量记录报监理单位审核。定位测量必须附加计算成果、资料依据、标准轴线桩及平面控制网示意图。

（6）工程定位测量完成（经内部检查）后，应由建设单位报请具有相应资质的测绘部门验线。

2. 工程定位测量记录的填写

（1）"工程名称"与施工图纸中的图签一致。

（2）"委托单位"指业主或总承包单位。

（3）"图纸编号"填写施工图纸编号，如总平面、首层建筑平面、基础平面等。

（4）"施测日期、复测日期"按实际日期填写。

（5）"平面坐标依据、高程依据"由测绘院或建设单位提供，应以市规划委员会打桩的坐标为标准。在填写时要写明点位编号。

（6）"允许误差"一般应满足三级精度 $i<1/10000$；$h\leqslant\pm 6mm$ 的要求（n）为测数

（7）"使用仪器"栏应将经纬仪、水准仪等仪器的名称、型号、出厂编号、精度等级标注清楚。

(8)"仪器校验日期"指由法定检测单位校准的日期。

(9)"定位抄测示意图"具体要求：

1）应将建筑物位置线、重要控制轴线、尺寸及指北针方向、现场标准水准点、坐标点、红线桩、周边原有建筑物、道路等采用适当比例绘制在此栏内。

2）坐标、高程依据要标注引出位置，并标出它与建筑物的关系。

3）特殊情况下，可不按比例，只画示意图，但要标出主要轴线尺寸。同时须注明±0.000绝对高程。

(10)"复测结果"栏必须填写复测的具体数字，不能只写"合格"或"不合格"。应根据监理的要求由施工（测量）单位采用计算机打印。应符合设计要求及《工程测量规范》 （GB 50026—2007）规定。

(11)签字栏中"专业监理工程师"为项目监理机构指定的建筑结构专业监理工程师；"测量技术负责人"为施测单位的技术负责人；"施测人"是指有资格的专业仪器操作者；"复测人"是指施测单位监督检查施测程序并进行核对测量精度的测量人员，其技术应高于施测人。

(12)专业监理工程师、测量技术负责人、复测人、施测人都应签名负责，并填写日期。

3．工程定位测量记录表（表2-8）

工程定位测量记录表见表2-8。

2.1.9 基槽验线记录

本表是在基槽挖土完成后或复合地基处理完成后，对基槽的基本内容进行检查的记录文件。其主要内容是：

1．基槽验线的内容

(1)基槽验线根据主控轴线、基底平面图、地基基础施工方案，检验建筑物基底外轮廓线、集水坑、电梯井坑、垫层标高（高程）、基槽断面尺寸和高度等。此部分检查由技术部门组织进行。

工程定位测量记录　　　　　　　表 2-8

工程名称：			编号：
测量单位		委托单位	
图纸编号		施测日期	
平面坐标依据		复测日期	
高程依据		使用仪器	
允许误差		仪器校验日期	

定位抄测示意图：

复测结果：

专业监理工程师：	测量技术负责人：	复测：	施测：
年　月　日	年　月　日	年　月　日	年　月　日

注：本表由施工单位填写，施工单位、监理单位、见证单位各保存一份。

（2）检查内容包括建筑物基底外轮廓线位置、尺寸、集水坑、电梯井坑、垫层标高（高程）、放坡边线、坡度、基槽断面尺寸以及基底台度等；

（3）重点工程或大型工业厂房应有测量原始记录。

2.《基槽验线记录》的填写

（1）填写表格的要求：

1）"验线依据及内容"栏：

①"依据"应填写：A. 定位控制桩；B. 测绘院 BM1、BM2；C. 基础平面图。

②"内容"应填写：A. 基底外轮廓线及外轮廓断面；B. 垫层标高；C. 集水坑、电梯井等垫层标高，位置，以及基底台度留置情况。

2)"堆槽平面、剖面简图"栏应标明平面（建筑物基底外轮廓线位置、控制轴线、尺寸、集水坑、电梯井坑等）；剖面（垫层标高、放坡边线、坡度、基槽断面尺寸、控制轴线、不同标高台度留置等）及指北针方向，同时应说明集水坑、电梯井、设备坑等具体位置等。

3)"检查意见"栏由施工方根据要求填写或采用计算打印，应注明测量的具体误差。如基底外轮廓及电梯井、集水坑位置准确无误。垫层标高×n，误差均在×mm以内则可以填写"同意验收"即认为验线通过。

4) 专业监理工程师、项目技术负责人、质检员及施测人员签字负责。

3. 基槽验线记录表（表2-9）

地基验槽记录表　　　　　　　　　　　表2-9

地基验槽记录		资料编号	×××××
工程名称	×××××	验槽日期	×××××
验槽部位		×××××	

依据：施工图纸(施工图纸号＿＿＿＿＿＿×××××＿＿＿＿＿＿)、
　　　设计变更/洽商(编号＿＿＿＿＿×××××＿＿＿＿＿)及有关规范、规程

验槽内容：
1. 基槽开挖至勘探报告第×××××层，持力层为×××××层
2. 基底绝对高程和相对标高＿＿＿＿＿＿＿＿＿＿＿＿＿＿
3. 土质情况　　　　　×××××
（附：□钎探记录及钎探点平面布置图）
4. 桩位置×××××、桩类型×××××、数量×××××、承载力满足设计要求
　　（附：□施工记录、□桩检测报告）
＿＿＿＿＿＿＿＿＿＿＿＿＿＿＿＿＿＿＿＿＿＿＿＿＿＿＿＿＿＿＿＿＿

注：若建筑工程无桩基或人工支护，则相应在第4条填写处划"/"。　申报人：

检查意见：

检查结论：　□无异常，可进行下道工序　　□需要地基处理

签字公章栏	建设单位	监理单位	设计单位	勘察单位	施工单位

注：本表由施工单位填写。

本表适用于不同施工单位共同完成一项工程时的移交检查。当前项专业工程施工的质量会对后续专业工程施工质量产生直接影响时，应进行交接检查，以明确质量责任。由前道工序填写，后道工序检查合格后签字验收，并由专业监理工程师检查认可。

2.1.10 交接记录

1. 交接记录的主要项目

（1）建筑与结构工程应做交接检查的项目有：支护与桩基工程完工移交给结构工程；结构工程完成移交给装饰装修工程；粗装修完工移交给精装修工程；设备基础完工移交给设备安装工程；结构工程完工移交给幕墙工程等。

（2）建筑给水排水及采暖工程、通风与空调工程应做交接检查的项目有，设备基础完工移交给安装工程。设备基础通常由土建专业施工、验收，并填写相应检查、验收表格。对设备基础的混凝土强度、坐标、标高、尺寸和螺栓孔位置等按设计规定进行复核。

（3）建筑电气工程交接的工序有：架空线路及杆上电气设备安装；变压器、箱式变电所安装；成套配电柜、控制柜（台）和动力、照明配电箱（盘）安装；电加热器及电动机安装；柴油发电机组安装；不间断电源安装；低压电气动力设备试验和试运行；电缆桥架安装和桥架内电缆敷设；电线导管、电缆槽敷设；钢索配管安装；电缆头制作和接线；接地装置安装；避雷针下线安装；等电位联结；防雷接地系统测试等交接检查。可以使用"工序交接检查记录"进行交接检查。

2. 交接检查记录的填写

（1）交接检查记录由前道工序填写，"交接内容"填写要具体，达到的质量水平表述要明确，必要时要用附图及说明来辅助。"检查结果及意见"由接收单位填写，重点要说明同意不同意接管，以及改进的要求，监理工程师要检查认可，作为公证。

（2）交接检查记录移交单位、接收单位和监理单位三方共同签字认可，注明日期。

3. 交接检查记录表（表 2-10）

交接检查记录表　　　　　　表 2-10

工程名称：					编号：	
移交单位名称			接收单位名称			
交接部位		结构类型		检查日期		

交接内容：

检查结果及意见：

简图及说明：

移交单位项目技术负责人：	移交单位项目技术负责人：	移交单位项目技术负责人：
年　月　日	年　月　日	年　月　日

注：本表由施工单位填写，施工单位、监理单位、见证单位各保存一份。

2.1.11 预检记录

本表是施工单位日常质量自控管理用表，在一道工序施工完成后，由班组及专业工长进行自我检查以便能发现问题并及时整改，达到一次交工检查通过。

预检的程序：需预检的分项工程完成后，由专业工长填写预检记录，项目技术负责人组织项目质量检查员、专业工长及班组长参加验收，并将检查意见填入栏内。如检查中发现问题，施工班组及时进行整改后，再对本分项工程进行复验，合格后，再交检查评定。

1. 预检项目及内容

（1）模板：检查几何尺寸、轴线、标高、预埋件及预留孔的位置。

（2）预制构件安装：预制构件包括阳台栏板、过梁、预制楼梯、沟盖板、楼板等的质量检查。

（3）设备基础：依据图纸检查设备基础的位置、标高、几何尺寸及混凝土的强度等级、设备基础的预留孔和预埋件位置。

（4）混凝土结构施工缝：依据模板方案和技术交底，检查施工缝留置的方法及位置，模板支撑、接槎的处理情况等。

（5）管道预留孔洞、管道预埋套管（预埋件）：检查预留孔洞的尺寸、位置、标高等。检查预埋套管（预埋件）的规格、型式、尺寸。

（6）电气明配管（包括进入吊顶内）：检查导管的品种、规格、位置、连接、弯扁度、弯曲半径、跨接地线、焊接质量、固定、防腐、外观处理等。

（7）屋顶明装避雷带：检查材料的品种、规格、连接方法、焊接质量、固定、防腐情况等。

（8）变配电装置：检查配电箱、柜基础槽钢的规格、安装位置、配电箱、柜安装；高低压电进出口方向、电缆位置等。

2．预检记录的填写

（1）工程名称：与施工图纸中名称一致。

（2）预检项目：要按独立项目分别填写，不要把几个预检项目写在同张预检记录上。

（3）预检部位、结构类型、检查目的：按实际检查部位、结构类型、检查目的填写。

（4）预检依据：施工图纸、设计变更、工程洽商及相关的施工质量验收规范、标准、规程、工程的施工组织设计、施工方案、技术交底等。

（5）主要材料或设备：按实际发生材料、设备项目填写，各规格型号要表述清楚。

（6）预检记录编号：当工程较小时可混合编号，当工程较大时，应按专业工程分类编码填写，按组卷要求进行组卷。

(7) 预检内容：应将预检的项目、具体内容分专业描述清楚。

(8) 检查意见：检查意见要明确。在预检中一次验收未通过的要注明质量问题，并提出复验要求。复查的项目要把质量问题改正的情况描述清楚。

(9) 项目技术负责人、质检员、施工员签字认可，并注明日期。

3. 预检记录表（表2-11）

预检记录表　　　　　　　　表 2-11

工程名称：					编号：	
移交单位名称			接收单位名称			
交接部位		结构类型		检查日期		
依据：施工图纸(施工图纸号_____)、设计变更(编号_____)和有关规范、章程。 主要材料或设备：_____ 规格/型号：_____						
预检内容：						
检查意见：						
项目技术负责人：　　　　质检员：　　　　施工员						
年　　月　　日						

注：本表由施工单位自控使用。

2.1.12 工程材料、构配件、设备供应单位资格报审表

本表是总承包单位拟采购一些比较重要的工程材料、构配件、设备时，在选择好有关供应商后，签订供货合同之前，将供应商的资质、营业执照及供货质量等向项目监理机构报审的一个联系单。由项目经理签字，注明同意后报出。

在报审查表的同时，应附上厂家及供应商的有关资料，主要有供应商企业资质证书、营业执照、生产许可证复印件及有关产品质量的证明文件等。

1. 工程材料、构配件、设备供应单位资格报审表的填写

项目监理机构审查意见，由专业（总）监理工程师审查后提出审查意见。重点是说明同意不同意用此厂家的货，签名并注明日期后返还总承包单位。

2. 工程材料、构配件、设备供应单位资格报审表（表2-12）

工程材料、构配件、设备供应单位资格报审表　　表2-12

工程名称：	编号：

致：_____（监理机构）

根据工程需要和合同有关规定,经我方考察_____生产厂家/供应单位,可提供_____工程材料/构配件/设备,用于本工程_____（部位）请予以审查和批准。

附件：
1. 厂家及供应商的资质材料、营业执照、企业资质证书、生产许可证复印件；
2. 其他有关产品质量的证明文件。

项目经理：
年　　月　　日

项目监理机构审查意见：

专业/总监理工程师：

注：本表由施工单位填写，施工单位、监理单位、见证单位各保存一份。

2.1.13 工程材料、构配件、设备报审表

本表是工程材料、构配件、设备进场经过进场验收后，填写此表报项目监理机构审批的联系单，由项目经理填写注明日期后，报项目监理机构。

报表应附上工程材料、构配件、设备的名称、规格、型号、数量清单、质量证明文件（出厂检验报告）及进场验收记录表。

1. 工程材料、构配件、设备报审表的填写

项目监理机构的专业工程师进行审查，除查阅有关资料外，也可对实物材料、构配件、设备进行查看，给出审查意见。重点是明确准许不准许进场，同意不同意使用。专业监理工程师和总监理工程师签名注明日期后返还总承包施工企业。

2. 工程材料、构配件、设备报审表（表2-13）

工程材料、构配件、设备报审表　　　　表2-13

工程名称：　　　　　　　　　　　　　　　　编号：

致：_____（监理机构）

我方于_____年_____月_____日进场的工程材料、构件、设备数量如下（见附件）。现将质量证明文件及自检结果报上，拟用于下述部位_____，请予以审查。

附件：1. 数量清单；
　　　2. 质量证明文件；
　　　3. 进场验收表。

　　　　　　　　　　　　　　　　　　　项目经理：
　　　　　　　　　　　　　　　　　　　　　年　　月　　日

项目监理机构审查意见：
　　经检查上述工程材料、构配件、设备，符合/不符合设计文件和规范的要求，准许侨准许进场，同意/不同意使用于拟定部位。

　　　　　　　　　　　　　　　　　　　项目经理：
　　　　　　　　　　　　　　　　　　　　　年　　月　　日

注：本表由施工单位填写，施工单位、监理单位、见证单位各保存一份。

2.1.14 主要施工机械、设备报审表

本表是施工单位按照施工组织设计（方案）选择好施工机械、设备，在其进场前向项目监理机构报审批准进场使用的联系单。由项目经理填写签名，注明日期后，报项目监理机构审批。

1. 主要施工机械、设备报审表的填写

在报表中应将进场施工机械、设备的名称、规格型号、数量、检查验收情况及拟进场日期注明。一些主要设备还应将机械、设备的技术性能资料、使用说明书附上。这些设备应与施工组织设计（方案）中，主要机械设备一览表中的设备相一致，如有改变应说明情况。

项目监理机构接到报审表后，专业（总）监理工程师应按照施工组织设计计划、工程进展情况，以及工程的要求，审查设备是否适用，进场时间是否适当，提出审查意见，填写在表格内，以便施工单位安排进场计划。专业监理工程师和总监理工程师签名注明日期，返还施工单位。

2. 主要施工机构设备报审表（表2-14）

主要施工机械、设备报审表　　　　表2-14

工程名称：　　　　　　　　　　　　　　　　编号：

致：　　　　　　　（监理机构）
下列施工机械、设备已按施工组织设计（施工方案）要求进场，请核查并准予使用。

设备名称	规格型号	数量	进场日期	检查(检测)验收情况	备注

附件：1. 机械技术性能资料；
　　　2. 使用说明书。

　　　　　　　　　　　　　　　　　　项目经理：
　　　　　　　　　　　　　　　　　　　　年　　月　　日

项目监理机构审查意见：

　　　　　　　　　　　　　　　　　　专业监理工程师：
　　　　　　　　　　　　　　　　　　　　年　　月　　日

注：本表由施工单位填写，施工单位、监理单位、见证单位各保存一份。

2.1.15 施工测量放线报验表

本表是施工单位在完成有关施工测量放线后,正式施工之前,报请项目监理机构来现场进行验线的联系用表。这是一项技术核验,是防止错误造成返工浪费的一项有效措施。由项目负责人填写签名注明日期后,报项目监理机构审验。

1. 施工测量放线的内容

施工测量放线包括建筑红线、建筑定位线、基槽放线、桩位放线、首层平面及楼层平面放线以及有关吊装前等专用放线的验线。

报验表应将测量放线的依据、精度要求附上,有放线成果时也应附上。在报验表中应注明工程或部位名称、放线内容。

2. 施工测量放线报验表(表2-15)

施工测量放线报验表 表 2-15

工程名称: 编号:

致:_____(监理机构)
我单位已完成了_____(工程或部位)的放线工作,经自检合格,清单如下,请予查验。

附件:测量放线依据及放线结果

工程或部位名称	放线内容	备注

项目技术负责人:
年 月 日

项目监理机构意见:

专业工程师:
年 月 日

注:本表由施工单位填报,经项目监理机构审查签认后,建设单位、监理单位、施工单位各存一份。

项目监理机构接到报验表后，应及时安排组织人员进行验线，核对资料及放线成果，必要时也可参加其施工测量放线工作，从程序及效果上及时进行审验。审查无误后填写审查意见。重点要明确能否依此进行施工，不能据此施工要说明具体理由，以便施工单位进行重新放线等。专业监理工程师签名注明日期，退回施工单位。监理机构提出审查意见的期限，以不影响正常施工为限度。

2.1.16 工序质量检查表（施工检查记录）

本表是施工单位为控制工程质量，检验控制效果，自行检查的记录表。由质检员和班组长共同检查记录，通常是根据"企业标准"或"操作规程"来进行检查。

1. 工序质量检查表（施工检查记录）的填写

（1）按照现行规范要求需进行检查的重要工序，且无相应施工记录表格的，应填写本表，本表适用于各专业。对于施工过程中影响质量、观感、安装、人身安全的工序，尤其是建筑与结构工程中的砌筑、装饰装修等应做好过程控制检查的工程后填写本表。

（2）"检查依据"、"检查内容"、"检查结果"栏填写同隐检、预检记录相关规定要求。

（3）根据检查记录分析"操作规程"、"企业标准"中存在的不足，并研究改进措施，改进"企业标准"、"操作规程"。

班组长、质检员应签名负责，并注明检查日期。

2. 工序质量检查表（施工检查记录）（表 2-16）

2.1.17 检验批、分次、分部（子分部）工程质量报验表

本表为施工单位按操作规程、企业标准施工后，经过班组自检，施工单位组织的预检，在其基础上，由企业专业质量检查员按预先划分好的检验批进行检查评定。检验批的质量施工企业自检评定达到验收标准，按有关规定填写××检验批质量验收记录，签名注明日期，报项目监理机构专业监理工程师验收。

工序质量检查表（施工检查记录） 表 2-16

工程名称：				编号：	
施工单位		检查部位		检查日期	
依据操作规程（企业标准）					

检查内容：

	项目	标准允许偏差(mm)	测点									
			1	2	3	4	5	6	7	8	9	10
实测数据													

检查结果：

施工班组长： 质检员： 年 月 日

注：本表由施工单位自控使用。

1. 工程质量报验程序及内容

（1）分项工程完成后其所属检验批质量验收合格后，在分项工程检查评定的项目，经过自检评定合格后，按有关规定由专业"质量检查员填写××分项工程质量验收记录"，由项目技术负责人签名注明日期后，报项目监理机构专业监理工程师验收。

（2）子分部（分部）工程完成后，经过施工企业自检评定合格，按有关规定填写子分部（分部）工程质量验收记录。由项目经理签名注明日期后，报项目监理机构专业（总）监理工程师组织设计（勘察）及分包单位（有分包时）进行验收。

（3）报验表是在检验批、分项、子分部（分部）工程质量自检评定合格后，填好相应的质量验收记录表，加上报验表，报请项目监理机构验收。

(4) 在报验时应附上验批、分项、子分部（分部）工程质量验收所需要的资料，主要有：工程质量控制资料、全区和功能检验（检测）报告、观感质量检查记录、隐蔽工程质量检查记录、施工实验记录施工记录，以及检验批、分项、子分部（分部）工程质量验收记录表等。

2. 检验批、分项、分部（子分部）工程质量报验表

项目监理机构可以复查工程，也可通过参与施工单位的检查评定来了解情况，审查确认符合验收规范合格规定后，首先在检验批、分项、子分部（分部）工程质量验收记录验收结论栏中填写通过验收的意见。同时在验表的"项目监理机构意见"栏内填写同意验收的结论。检验批分项工程由专业监理工程师签名注明日期，退回施工单位。子分部（分部）工程由总监理工程师签名注明日期，退回施工单位。退回的时间，以不影响正常施工为原则。

有些单位可不用此表，直接用检验批、分项、子分部（分部）工程质量验收记录表报验也可。

3. 检验批、分项、分部（子分部）工程质量报验表（表2-17）

检验批、分项、子分部（分部）工程质量报验表　表2-17

工程名称：	编号：
致：_____（监理机构） 我单位已完成了_____工程，按设计文件及有半规范进行了自检评定，质量合格，请予以审查和验收。 附件： 1. 工程质量控制资料 2. 安全和功能检验(检测)报告 3. 观感质量检查记录 4. 隐蔽工程验收记录 5. _____质量验收记录 6. 施工试验记录 7. 施工记录 项目技术负责人(项目经理)： 　　　　　　　　　　　　　　　　　　　　　年　　月　　日	
项目监理机构意见： 专业(总)监理工程师： 　　　　　　　　　　　　　　　　　　　　　年　　月　　日	

注：本表由施工单位填报，经项目监理机构审查签认后，建设单位、监理单位、施工单位各存一份。

2.1.18 工程沉降测量观察记录

本表用于工程结构进行到一定程度，按照施工组织设计要求，对设置的沉降观测点定期进行测量和记录，以了解工程的沉降及稳定性情况。主要内容包括：

1. 沉降测量观察点的设置及观察点的设置及观察时间间隔

（1）水准基点应引自城市固定水准点。基点的设置以保证其稳定、可靠、方便观测为原则对安全等级为一级的建筑物，宜设置在基岩上。安全等级为二级、三级的建筑物，可设在压缩性较低的土层或已稳定的老建筑上。

（2）水准基点的位置脚靠近观测对象，但必须在建筑物的地基变变形影响范围外，并避免交通车辆等因素对水准基点的影响。为方便使用，在一个观测区内，水准基点一般不少于三个。

（3）建筑物上沉降观测点的布置，应以能全面反映该建筑物地基变形特征并结合地质情况及建筑物结构特点确定。同时为了便于观察。点位通常选在下列位置。

1）建筑物的四角、大转角处及外墙等交接处的两侧；

2）高低层建筑物、新旧建筑物、纵横墙等交接处的两侧；

3）建筑物沉降缝两侧、基础埋深相差悬殊处、人工地基与天然地基接壤处、不同结构分界处两侧；

4）宽度大于等于15m或小于15m而地质复杂以及膨胀土地区的建筑物，在承重内隔墙中部设置内沉降观测点，在室内地面中心及四周设置地面沉降观测点；

5）邻近堆置重物处、受振动有显著影响的部位及基础下的暗沟处；

6）框架结构建筑物的每个部分柱基上或纵横轴线设点；

7）片筏基础、箱型基础底板或接近基础的结构部分之四角处及其中部位位置；

8）重型设备基础和动力设备基础的四角、基础型式或埋深改变处以及地质条件变化处两侧；

9）电视塔、烟囱、水塔、油罐、炼油塔、高炉等高耸建筑物，沿周边在与基础轴线相交的对称位置上布点，一般点数不小于4个。

(4) 测量精度宜采用Ⅱ级水准测量。Ⅱ级水准测量应采用闭合法，闭合差应小于$\pm 0.5\sqrt{N}$mm（N为测站点数）。测量宜采用不转站直接观测，视距一般为20～30m。

(5) 观测次数和时间。应视地基土类型和沉降速度大小而定。为取得较完整的资料，要求在观测点埋设固定点开始观测，并及时记录气象资料及地下水位的变化情况，通常情况下

1）民用建筑每施工完一层观测一次；

2）工业建筑按不同施工阶段（如回填基坑、安装柱子和屋架、砌筑墙体、设备安装等）分别进行观测；

3）如建筑物均匀增高，应至少在增加荷载的25％、50％、75％和100％时各观测一次。施工过程中如暂停施工，在停工时及重新开工时应各观测一次。停工期间，可每隔2～3个月观测一次；

4）建筑物竣工后，对特级、一级建筑物应继续观测，观测次数应根据建筑物沉降速度的大小而定。一般情况下，第一年3～4次，第二年2～3次，以后每年一次，直到沉降稳定；

5）沉降是否进入稳定阶段，应由沉降量与时间关系曲线判定。对重点观测和科研观测工程，若最后三个周期观测中，每周期沉降量均不大于$2\sqrt{2}$倍测量中误差可认为进入稳定阶段。一般观测工程，若沉降速度度小于0.01～0.04mm/d，可认为已进入稳定阶段；

6）对于特殊情况（如突然发生裂缝，沉降值急剧增加或自然灾害等），则应逐日或数日观测一次。

(6) 观测资料应及时整理，以便发现问题时能及早复查。

1）计算资料应及时整理，以便发现问题时能及早复查；

2）绘制载荷——时间——沉降（Q-L-S）曲线；

3）编写观测分析报告。

2. 工程沉降测量观察记录的填写

对开竣工时间、设计沉降要求、测量仪器名称编号、精度、高程控制点应如实填写；对测量记录必须当场填写；如使用原始记录表时，必须同该表同时保存。测点简图可用示意图或另外附图，测量人、复测人、审核人应签名负责。

3. 工程沉降测量观察记录表（表2-18）

工程沉降测量观察记录表　　　　　　表2-18

工程名称	××××			基础中心最终沉降量计算值			××××				
				偏心距			××××				
仪器规格	××××			结构形式			××××				
水准点号数及高程	××××			结构层数			××××				
测点	年 月 日			年 月 日			年 月 日			年 月 日		
	初次高程(m)	高程(m)	本次下沉	高程(m)	本次下沉	累计下沉	高程(m)	本次下沉	累计下沉	高程(m)	本次下沉	累计下沉
施工进度	××××			××××			××××			××××		××××
施工单位观测人员签字	专业测量员：××××			专业测量员：××××			专业测量员：××××			专业测量员：××××		专业测量员：××××
监理单位检查人员签字	专业监理工程师：××××			专业监理工程师：××××			专业监理工程师：××××			专业监理工程师：××××		专业监理工程师：××××

施工单位名称（章）：

2.1.19 建筑物标高、垂直度（全高）测量记录

本表根据《混凝土结构工程施工质量验收规范》(GB 50204—2015)、《砌体结构工程施工质量验收规范》(GB 50203—2011)、《钢结构工程施工质量验收规范》(GB 50205—2001) 等的要求，规定施工单位应在结构工程施工过程、一个工程阶段完成和工程竣工时，对建筑物垂直度和全高进行实测并填写该表报监理单位审查，以表明建筑垂直度、标高控制效果及质量水平。

如果检测结果超过允许偏差且影响结构性能的部位和结构安全的部位，应由施工单位提出技术处理方案，并经建设（监理）、设计单位认可后进行处理。

1. 建筑物标高、垂直度（全高）测量记录的填写

填写注意事项：

(1)"工程名称"、"施工单位"、"测量单位"、"施工阶段"、"结构类型"、"测量日期"如实填写。

(2)"测量说明（附测量示意图）"栏应填写采用仪器类型、观测点位布置、测量时间的确定等。"测量示意图"应按实际建筑物轮廓绘制，标注测量点位置。

(3)"部位"栏应按建筑物测量点位编号依次填写。

(4)"允许偏差"栏填写具体的垂直度和标高允许偏差值的实测值，并与规范规定的允许偏差值比较，根据实际复核得到的垂直度和标高偏差值，以及得出的测量结论，即是否控制在允许偏差范围之内，如超出则应采取措施加以改进。

(5)"复核意见"栏是检查测量程序，按其方法进行复测，如果复测结果与测量结果相同或在一定的偏差之内，即同意测量结果，否则应重新进行测量和复测。

(6)签字栏"专业监理工程师"、"项目技术负责人"、"施测人"、"复测人"共同签字负责，注明日期。

2. 建筑物标高、垂直度（全高）测量记录表（表 2-19）

2.1.20 楼层标高抄测记录

本表是施工单位日常质量自控管理用表，是保证工程标高控

建筑物标高、垂直度（全高）测量记录　　表 2-19

建筑物垂直度、标高观测记录		资料编号	
工程名称	×××		
施工阶段	×××	观测日期	×××

观测说明（附观测示意图）：

×××

垂直度测量（全高）		标高测量（全高）	
观测部位	实测偏差(mm)	观测部位	实测偏差(mm)

结论：

签字栏	施工单位	×××	专业技术负责人	专业质检员	施测人
	监理（建设）单位	×××	专业工程师		

注：本表由施工单位填写。

制在规定的允许偏差范围内的重要措施。建筑施工标高的概念有两种：绝对标高与相对标高，绝对标高是国家测绘部门在全国统一测定的海拔标高（青岛黄海平均海平面定为绝对标高零点），并在适当地点设置标准水准点；相对标高一般以首层地面为±0.000。施工单位定位放线应根据城建部门提供的绝对标高引出控制桩，一般设置在距建筑物1.5倍高度的距离处，以此为基准测设引桩。中心桩宜与引桩一起测设。控制桩、引桩、中心桩必须妥善保护。

1. 楼层标高抄测内容

楼层标高抄测内容包括楼层＋0.5m（或＋1.0m）水平控制线、门窗洞口标高控制线、皮数杆及现浇楼模板标高控制线，楼层－0.3m线的抄测等，在完成楼层标高抄测后填写该表报监理单位审核。

2. 楼层标高、抄测记录的填写

（1）填写注意事项

1）"抄测部位"栏应注明抄测楼层施工段。"工程名称"、"施工单位"、"结构类型"如实填写。

2）"抄测依据"栏应填写：

① 首层＋0.500m平面图，并与绝对高程水平控制点进行校对。

② ×层建筑平面图。

3）"抄测说明"栏可写明建筑＋0.5m（或＋1.0m）水平控制线标高、标志点位置、测量工具（应包括抄测仪器型号、出厂编号）等，涉及数据的应注明具体数据；本栏应画简图予以说明，简图中应标明所在楼层建筑＋0.5m（或＋1.0m）水平控制线标志点位置、相对标高、重要控制轴线、指北针方向、分楼层施工段的具体图名等。

4）为控制楼层标高，基础、砖墙必须设置皮数杆，以此控制标高，用水准仪校核皮数杆的起点标高（允许误差为±3mm）。

5）"抄测结果"在工程上标出水平控制线、门窗洞口标高控制线、皮数杆的起点线等。必要时进行复测，并将其水平误差控制在±3.00mm。

6）专业监理工程师应进行复测或检查抄测记录。

7）专业监理工程师、项目技术负责人、复测人、测量人签字负责，注明完成日期。

3. 楼层标高抄测记录表（表2-20）

楼层标高抄测记录　　　　　　表 2-20

工程名称：　　　　　　　　　　编号：

施工单位		结构类型	
抄测部位		抄测内容	

抄测依据：

抄测说明及简图：

抄测结果：

专业监理工程师：	项目技术负责人：复测：施测：
年　月　日	年　月　日

注：本表由测量单位提供，测量单位、建设单位、施工单位各保存一份。

2.1.21 隐蔽工程验收记录

本表是在施工过程中对一些关键部位和工序，因后道工序会将其覆盖起来，不能再对其进行检查，因此在这些部位被覆盖前进行隐蔽验收。施工单位在前道工序完工自检合格后，填写隐蔽工程验收记录，报监理单位或建设单位。监理单位或建设单位单位组织有关人员对施工单位上报隐蔽工程进行检查验收。

1. 隐蔽工程验收记录的填写

填写时应注意以下事项：

（1）验收的依据是有关规范、设计图纸，每次检查验收后应将验收内容"检查意见及结论"填写明确。

（2）"工程名称"、"施工单位"、"结构类型"如实填写，隐检项目按工序中重点部位填写，层、轴线、标高处等标明位置，并尽量准确具体。

（3）"检查意见及结论"栏应填写检查结果，达到规范规定和设计要求的程度,是否通过验收同意隐蔽等。

(4) 专业监理工程师、建设单位的有关人员签字负责,并注明日期。

2. 隐蔽工程验收记录表(表 2-21)

隐蔽工程验收记录表　　　　　　表 2-21

隐蔽工程验收记录		资料编号	××××××
工程名称		××××××	
隐检项目	××××××	隐检日期	××××××
隐检部位		××××××	

隐检依据:施工图图号＿＿×××××××＿＿,设计
变更/洽商(编号＿＿×××××××＿＿)及有关国家现行标准等。
主要材料名称及规格/型号:＿＿××××××＿＿

隐检内容:

××××××

影像资料的部位、数量:

申报人:

检查意见:

检查结论:　□ 同意隐蔽　　□ 不同意,修改后进行复查

复查结论:

复查人:　　　　　　　　复查日期:

签字栏	施工单位	××××××	专业技术负责人	专业质检员	专业工长
			××× ×××	××××××	××××××
	监理(建设)单位	××××××		专业工程师	××××××

注:本表由施工单位填写。

2.2 建筑工程所涉隐蔽工程

在施工过程中，对一些关键部位和工序，因后道工序会将其覆盖起来，不能再对其进行检查，因此在这些部位被覆盖前应进行一次检查，以便佐证其质量情况。隐蔽工程在验收前应由施工单位通知有关单位进行验收，并形成验收文件，由施工单位项目技术负责人主持，监理工程师，建设单位参加。

一般情况下，施工单位应在48h前通知，24h内监理、建设应认可签认。

据相关的施工验收规范、施工实践经验有下列关键部位和工序应组织隐蔽验收。

2.2.1 地基基础工程所涉隐蔽工程

1. 土方工程所涉隐蔽工程验收

（1）土方开挖隐蔽验收；

（2）土方回填隐蔽验收。

2. 支护工程所涉隐蔽工程验收

（1）地下连续墙支护工程钢筋及埋件隐蔽验收；

（2）地下连续墙支护工程混凝土隐蔽验收；

（3）地下连续墙支护工程导墙钢筋笼隐蔽验收；

（4）锚杆及土钉墙支护工程隐蔽验收；

（5）加筋水泥土桩墙支护工程隐蔽验收；

（6）加筋水泥土桩墙围檩钢筋混凝土隐蔽验收；

（7）沉井与沉箱配筋、埋件隐蔽验收；

（8）沉井与沉箱隐蔽工程验收；

（9）钢支撑工程接点埋件隐蔽验收；

（10）混凝土支撑工程配筋、埋件连接隐蔽验收。

3. 地基基础子分部工程所涉隐蔽工程验收

（1）灰土地基隐蔽工程验收记录；

（2）砂和砂石地基隐蔽工程验收记录；

(3) 土工合成材料地基隐蔽工程验收记录；
(4) 粉煤灰地基隐蔽工程验收记录；
(5) 强夯地基隐蔽工程验收记录；
(6) 振冲地基隐蔽工程验收记录；
(7) 砂桩地基隐蔽工程验收记录；
(8) 预压地基隐蔽工程验收记录；
(9) 高压喷射注浆地基隐蔽工程验收记录；
(10) 注浆地基隐蔽工程验收记录；
(11) 水泥粉煤灰碎石桩复合地基隐蔽工程验收记录；
(12) 夯实水泥土桩复合地基隐蔽工程验收记录；
(13) 水泥土搅拌桩地基隐蔽工程验收记录。

4. 桩基工程所涉隐蔽工程验收
(1) 静力压桩工程焊接接桩隐蔽验收；
(2) 静力压桩工程硫黄、胶泥接桩隐蔽验收；
(3) 预应力管桩打（压）桩工程焊接、接桩隐蔽验收；
(4) 混凝土预制桩（预制桩浇筑）钢筋笼隐蔽验收；
(5) 混凝土灌注桩（钢筋笼）工程隐蔽验收。

5. 地下防水工程所涉隐蔽工程验收
(1) 回填前防水混凝土隐蔽验收；
(2) 回填前水泥砂浆防水层隐蔽验收；
(3) 回填前卷材（涂料）防水层隐蔽验收。

6. 混凝土基础工程所涉隐蔽工程验收
(1) 混凝土施工前钢筋安装（配筋预埋件、预留孔、洞）隐蔽验收；
(2) 回填前混凝土基础隐蔽验收。

7. 砌体基础子分部工程所涉隐蔽工程验收
(1) 基础砖砌体砌筑配筋隐蔽验收；
(2) 基础回填前基础砌体隐蔽验收；
(3) 基础混凝土小型空心砌块砌筑配筋隐蔽验收（地下多层隔墙）；

（4）基础填充墙砌体砌筑配筋隐蔽验收（地下多层隔墙）；

（5）基础配筋砌体工程砌筑配筋隐蔽验收（地下多层隔墙）；

（6）基础砂加气砌体砌筑配筋隐蔽验收（地下多层隔墙）。

8. 基础型钢、钢管混凝土工程所涉隐蔽工程

（1）混凝土施工前型钢、钢管与钢筋连接隐蔽验收；

（2）柱脚锚固、焊接、螺栓连接隐蔽验收。

2.2.2 主体结构工程所涉隐蔽验收目录

1. 混凝土结构工程所涉隐蔽工程验收

（1）混凝土施工前钢筋安装、预埋件、预留孔、洞隐蔽验收；

（2）浇筑混凝土前预应力筋、锚具、孔道等隐蔽验收；

（3）预应力灌浆及封锚隐蔽验收；

（4）混凝土设备基础埋件隐蔽验收；

（5）预制构件（配筋、埋件、预留洞）隐蔽验收。

2. 型钢（管）混凝土结构工程所涉隐蔽验收

（1）型钢（管）安装隐蔽验收；

（2）型钢（管）与钢筋连接隐蔽验收；

（3）柱脚锚固、焊接、螺栓连接隐蔽验收。

3. 砌体结构工程所涉隐蔽工程验收

（1）砖砌体工程施工配筋隐蔽工程验收；

（2）混凝土小型空心砌块砌体工程施工配筋隐蔽验收；

（3）填充墙砌体工程施工配筋隐蔽工程验收；

（4）配筋砌体工程施工配筋隐蔽工程验收；

（5）砂加气砌块工程施工配筋、钢丝网隐蔽工程验收。

4. 钢结构制作安装工程所涉隐蔽工程验收

（1）钢结构制作一、二级焊接焊缝隐蔽工程；

（2）钢结构制作箱型梁劲板、翼板焊接隐蔽工程；

（3）钢结构安装一、二焊接焊缝隐蔽验收；

（4）钢结构安装支座活动铰焊接、焊缝隐蔽验收；

（5）焊钉（栓钉）焊接工程隐蔽验收；

(6) 高强度螺栓连接工程隐蔽验收；
(7) 扭剪型高强度螺栓连接工程隐蔽验收；
(8) 单层钢结构安装一、二级焊接焊缝隐蔽验收；
(9) 钢结构预拼装一、二级焊接焊缝隐蔽验收；
(10) 钢网架安装工程隐蔽验收；
(11) 压型金属板工程混凝土浇灌前隐蔽验收；
(12) 防腐涂料涂装工程（构件制作）隐蔽验收；
(13) 防腐涂料涂装工程（钢结构安装）隐蔽验收；
(14) 防火涂料涂装隐蔽验收。

5. 木结构子分部工程所涉隐蔽工程验收
(1) 木屋盖工程隐蔽工程验收；
(2) 轻型木结构工程钉（销）连接隐蔽验收；
(3) 木结构防腐、防虫、防火隐蔽验收。

2.2.3 建筑装饰装修工程所涉隐蔽验收

1. 建筑地面工程涉隐蔽工程验收
(1) 基土垫层工程隐蔽验收；
(2) 灰土垫层工程隐蔽验收；
(3) 砂垫层和砂石垫层工程隐蔽验收；
(4) 碎石垫层和碎砖垫层工程隐蔽验收；
(5) 三合土垫层工程隐蔽验收；
(6) 炉渣垫层工程隐蔽验收；
(7) 水泥混凝土垫层工程隐蔽验收；
(8) 找平层工程隐蔽验收；
(9) 隔离层工程隐蔽验收；
(10) 填充层工程隐蔽验收；
(11) 实木地板（实木复合、竹）龙骨、衬填隐蔽验收。

2. 抹灰子分部工程所涉隐蔽工程验收
(1) 一般抹灰工程施工前基层隐蔽验收；
(2) 装饰抹灰工程施工前基层隐蔽验收。

3. 门窗工程所涉隐蔽工程

(1) 木门窗安装工程隐蔽验收（Ⅱ）；
(2) 金属门窗（钢门窗）安装工程隐蔽验收（Ⅰ）；
(3) 金属门窗（铝合金门窗）安装工程隐蔽验收（Ⅱ）；
(4) 金属门窗（涂色镀锌钢板门窗）安装工程隐蔽验收（Ⅲ）；
(5) 塑料门窗安装工程隐蔽验收；
(6) 特种门窗安装工程隐蔽验收。

4. 吊顶工程所涉隐蔽工程
(1) 暗龙骨吊顶工程隐蔽验收；
(2) 明龙骨吊顶工程隐蔽验收。

5. 轻质隔墙子分部工程所涉隐蔽工程
(1) 板材隔墙工程隐蔽验收；
(2) 活动隔墙工程隐蔽验收；
(3) 饰面板安装隐蔽工程验收。

6. 幕墙工程所涉隐蔽工程
(1) 玻璃幕墙预埋件隐蔽验收（混凝土施工前）；
(2) 玻璃幕墙构架、锚固件隐蔽工程；
(3) 玻璃幕墙（主控项目）隐蔽验收；
(4) 金属幕墙预埋件隐蔽验收（混凝土施工前）；
(5) 金属幕墙构架、锚固件隐蔽验收；
(6) 金属幕墙（主控项目）隐蔽验收；
(7) 石材幕墙预埋件隐蔽验收（混凝土施工前）；
(8) 石材幕墙构架、锚固件隐蔽验收；
(9) 石材幕墙（主控项目）隐蔽验收。

7. 涂刷子分部工程所涉隐蔽工程
(1) 水性涂料涂饰前基层隐蔽验收；
(2) 溶剂型涂料涂饰前基层隐蔽验收。

8. 裱糊与软包子分部工程所涉隐蔽工程
(1) 裱糊工程前基层隐蔽验收；
(2) 软包工程前隐蔽验收（基层、构造、填充物）。

9. 装饰前基层隐蔽工程验收
(1) 橱柜制作与安装工程隐蔽验收；
(2) 橱柜制作与安装工程隐蔽验收；
(3) 门窗套制作与安装隐蔽工程验收；
(4) 护栏和扶手制作与安装隐蔽工程验收；
(5) 花饰制作与安装隐蔽工程验收。

2.2.4 建筑屋面所涉隐蔽工程

1. 卷材防水屋面工程所涉隐蔽工程
(1) 屋面保温隔热层隐蔽验收；
(2) 屋面找平层、隔气层隐蔽验收；
(3) 卷材防水层隐蔽验收；
(4) 细部构造隐蔽验收。

2. 涂膜防水屋面工程所涉隐蔽工程
(1) 屋面保温隔热层隐蔽验收；
(2) 屋面找平层、隔气层隐蔽验收；
(3) 涂膜防水层隐蔽验收；
(4) 细部构造隐蔽验收。

3. 刚性防水屋面工程所涉隐蔽工程
(1) 屋面保温隔热层隐蔽验收；
(2) 屋面找平层、隔气层隐蔽验收；
(3) 细石混凝土防水层隐蔽验收；
(4) 密封材料嵌缝隐蔽验收；
(5) 细部构造隐蔽验收；
(6) 加筋细石混凝土隐蔽验收；
(7) 屋面保温隔热层隐蔽验收。

4. 平瓦（油毡、金属板）防水层细部构造隐蔽验收

5. 架空隔热、蓄水、种植屋面工程所涉隐蔽工程
(1) 架空通风屋面隐蔽验收；
(2) 蓄水屋面工程隐蔽验收；
(3) 种植屋面工程隐蔽验收。

2.2.5 建筑给水、排水与采暖所涉隐蔽工程

1. 室内给水系统工程所涉隐蔽工程
(1) ±0.000 以下埋地给水管道预埋隐蔽验收；
(2) 室内消火栓系统预埋管、预埋件隐蔽验收；
(3) 给水设备预埋件预埋隐蔽验收。

2. 室内排水系统工程所涉隐蔽验收
±0.000 以下排水管道预埋隐蔽验收。

3. 室内热水供应系统工程所涉隐蔽工程
(1) 室内热水管道及埋件预埋隐蔽验收；
(2) 热水供应系统辅助设备埋件预埋隐蔽工程。

4. 卫生器具安装工程所涉隐蔽工程
(1) 卫生器具及给水配件安装和定锚固隐蔽验收；
(2) 卫生器具排水管道安装隐蔽验收。

5. 室内采暖管网子分部工程所涉隐蔽工程
(1) 室内采暖管道及配件预埋隐蔽验收；
(2) 室内采暖辅助管道及散热器及金属辐射板安装隐蔽验收；
(3) 低温热水地板辐射采暖管预埋隐蔽验收。

6. 室外给水管网工程所涉隐蔽工程
(1) 室外给水管道预埋隐蔽验收；
(2) 室外消防水泵结合器及消火栓预埋隐蔽验收；
(3) 管沟及井室隐蔽验收。

7. 室外排水管网工程所涉隐蔽工程
(1) 室外排水管道预埋工程隐蔽验收；
(2) 室外排水管沟及井池工程隐蔽验收；
(3) 室外供热管网子分部工程所涉隐蔽工程；
(4) 室外供热管道保温隐蔽验收。

8. 建筑中水系统及游泳池系统子分部工程所涉隐蔽工程
建筑水中系统及游泳池管道预埋隐蔽验收。

9. 供热锅炉及辅助设备安装子分部工程所涉隐蔽工程

(1) 锅炉预埋件预埋隐蔽验收；
(2) 锅炉辅助设备安装预埋件隐蔽验收（Ⅰ）；
(3) 锅炉辅助设备工艺管道安装隐蔽验收（Ⅱ）。

2.2.6 建筑电气工程所涉隐蔽工程

1. 室外电气安装工程所涉隐蔽工程

(1) 成套配电柜、控制柜（屏、台）和动力、照明配电箱（盘）安装隐蔽验收；
(2) 验收（Ⅰ）高压开关柜隐蔽验收；
(3) 室外电线导管、电缆导管和线槽敷设、预埋、封口隐蔽验收；
(4) 室外电线、电缆穿管和线槽敷线隐蔽验收；
(5) 室外建筑物景观照明灯、航空障碍标志灯和庭院灯锚固预埋隐蔽验收；
(6) 室外接地装置预埋安装隐蔽验收。

2. 变配电室安装工程所涉隐蔽工程

(1) 成套配电柜、控制柜（屏、台）和动力、照明配电箱（盘）安装隐蔽验收（Ⅰ）；
(2) 电缆沟内和电缆竖井内电缆敷设隐蔽验收；
(3) 接地装置安装隐蔽验收；
(4) 避雷引下线、变配电室接地干线敷设（Ⅱ）。

3. 供电杆线安装子分部工程所涉隐蔽工程

(1) 裸母线、封闭母线、插接式母线安装隐蔽验收；
(2) 电缆桥架安装和桥架内电缆敷设隐蔽验收；
(3) 电缆沟内和电缆竖井内电缆敷设隐蔽验收；
(4) 电线导管、电缆导管和线槽敷设隐蔽验收；
(5) 电线、电缆穿管和线槽敷线隐蔽验收。

4. 电器动力安装子分部工程所涉隐蔽工程

(1) 成套配电柜、控制柜（屏、台）和动力、照明配电箱（盘）安装（Ⅱ）；
(2) 低压成套柜隐蔽验收；

（3）电缆桥架安装和桥架内电缆敷设隐蔽验收；

（4）电线导管、电缆导管和线槽敷设隐蔽验收；

（5）电线、电缆穿管和线槽敷线隐蔽验收；

（6）开关、插座、风扇安装隐蔽验收。

5．电气照明安装工程所涉隐蔽工程

（1）成套配电柜、控制柜（屏、台）和动力、照明配电箱（盘）安装（Ⅲ）；

（2）照明配电箱（盘）隐蔽验收；

（3）电线导管、电缆导管和线槽敷设隐蔽验收；

（4）电线、电缆穿管和线槽敷线隐蔽验收；

（5）槽板配线隐蔽验收；

（6）钢索配线隐蔽验收；

（7）普通灯具安装隐蔽验收；

（8）专用灯具安装隐蔽验收；

（9）建筑物景观照明灯、航空障碍标志灯和庭院灯安装隐蔽验收；

（10）开关、插座、风扇安装隐蔽验收。

6．备用和不间断电源安装工程所涉隐蔽工程

（1）成套配电柜、控制柜（屏、台）和动力、照明、配电箱（盘）安装隐蔽验收；

（2）柴油发电机组安装隐蔽验收；

（3）不间断电源安装隐蔽验收；

（4）电线导管、电缆导管和线槽敷设隐蔽验收；

（5）电线、电缆管和线槽敷设隐蔽验收；

（6）接地装置安装隐蔽验收。

7．防雷及接地装置安装工程所涉隐蔽工程

（1）接地装置安装隐蔽验收；

（2）避雷引下线和变配电室接地干线敷设（Ⅰ）防雷引线隐蔽验收；

（3）接闪器安装隐蔽验收；

(4) 建筑物等电位联结隐蔽验收。

2.2.7 智能建筑工程所涉隐蔽工程

1. 隐蔽工程随工检查记录表
(1) 隐蔽工程随工检查记录表（施工前准备）（Ⅰ）；
(2) 隐蔽工程随工检查记录表（设备安装）（Ⅱ）；
(3) 隐蔽工程随工检查记录表（楼层内电光缆布放）（Ⅲ）；
(4) 隐蔽工程随工检查记录表（楼间电光缆布放）（Ⅳ）；
(5) 隐蔽工程随工检查记录表（缆线终接）（Ⅴ）。

2.2.8 通风与空调工程所涉隐蔽工程

1. 送排风系统工程所涉隐蔽工程
(1) 风管系统安装隐蔽工程验收；
(2) 通风机安装隐蔽工程验收。

2. 防排烟系统工程所涉隐蔽工程
(1) 风管系统安装隐蔽工程验收；
(2) 通风机安装隐蔽工程验收。

3. 除尘系统工程所涉隐蔽工程
(1) 风管系统安装隐蔽验收；
(2) 通风机安装隐蔽验收；
(3) 通风与空调设备安装隐蔽验收。

4. 空调系统工程所涉隐蔽工程
(1) 风管系统安装隐蔽验收；
(2) 通风与空调设备安装隐蔽验收；
(3) 通风机安装隐蔽验收。

5. 净化空调系统子分部工程所涉隐蔽工程
(1) 风管系统安装隐蔽验收；
(2) 通风机安装隐蔽验收；
(3) 通风与空调设备安装隐蔽验收。

6. 制冷设备系统子分部工程所涉隐蔽工程
空调制冷系统安装隐蔽验收。

7. 空调水系统子分部工程所涉隐蔽工程

空调水系统安装隐蔽验收。

2.2.9 电梯安装工程所涉隐蔽工程

1. 电力驱动的牵引式或强制式电梯安装工程所涉隐蔽工程

（1）电力驱动的牵引式或强制式电梯驱动主机安装隐蔽验收；

（2）电力驱动的牵引式或强制式电梯导轨安装隐蔽验收；

（3）电力液压电梯门系统安装隐蔽验收；

（4）电梯轿厢及对重安装隐蔽验收；

（5）电梯安全部件安装隐蔽验收；

（6）电梯悬挂装置、随行电缆、补偿装置安装隐蔽验收；

（7）电梯电气装置安装隐蔽验收。

2. 液压电梯安装工程所涉隐蔽工程

（1）电梯液压系统安装隐蔽验收；

（2）液压电梯导轨系统安装隐蔽验收；

（3）电力液压电梯门系统安装隐蔽验收；

（4）电梯轿厢及对重安装隐蔽验收；

（5）电梯安全部件安装隐蔽验收；

（6）电梯电气装置安装隐蔽验收。

3. 自动扶梯、自动人行道安装工程所涉隐蔽工程

自动扶梯、自动人行道整机安装隐蔽验收。

2.2.10 建筑节能工程所涉隐蔽工程

1. 围护系统节能

（1）墙体节能工程隐蔽工程施工质量验收记录表（Ⅰ）（板材）；

（2）墙体节能工程隐蔽工程施工质量验收记录表（Ⅱ）（浆料）；

（3）墙体节能工程隐蔽工程施工质量验收记录表（Ⅲ）（砌块）；

（4）墙体节能工程隐蔽工程施工质量验收记录表（Ⅳ）（预制复合板）；

（5）幕墙节能工程隐蔽工程施工质量验收记录表；

（6）门窗节能工程隐蔽工程施工质量验收记录表；

（7）屋面节能工程隐蔽工程施工质量验收记录表；

(8) 地面节能工程隐蔽工程施工质量验收记录表。

2. 采暖空调设备及管网节能

(1) 采暖节能工程隐蔽工程施工质量验收记录表；

(2) 通风与空调节能工程隐蔽工程施工质量验收记录表；

(3) 空调与采暖系统冷热源及管网节能工程隐蔽工程施工质量验收记录表。

（参照本书第2.2.5节建筑给水、排水与采暖所涉隐蔽验收）。

3. 电气动力节能隐蔽验收

（参照本书第2.2.6节建筑电气工程所涉隐蔽验收）。

4. 监控系统节能

（参照本书第2.2.7节智能建筑工程所涉隐蔽工程随工检查验收）。

5. 可再生能源所涉隐蔽工程验收

(1) 太阳能隐蔽验收；

(2) 地热源及热泵安装隐蔽验收。

2.3 建筑工程施工所涉施工记录

施工单位为控制工程质量，检验控制效果，自行检查的记录表。由质检员和班组长共同检查记录，通常是根据"企业标准"或"操作规格"来进行检查。

施工记录包括：定位测量、基槽验线、平层放线、沉降观察、标高抄测，垂直度测量等控制工程检查记录表。据施工实践经验有下列关键部位和工序须进行检验和控制并有书面的施工记录

2.3.1 地基基础工程施工记录

1. 地基、基槽工程施工记录

(1) 基槽验线记录；

(2) 地基验槽检查记录（Ⅰ）（Ⅱ）；

(3) 地基处理记录；

(4) 基坑支护变形监测记录；

(5) 建(构)筑物测量复核单。

2. 地基加固处理

(1) 地基钎探记录;
(2) 灰土地基施工记录;
(3) 砂和砂石地基施工记录;
(4) 土工合成材料地基施工记录;
(5) 粉煤灰地基施工记录;
(6) 强夯地基施工记录;
(7) 振冲地基施工记录表;
(8) 砂桩地基施工记录;
(9) 预压地基施工记录;
(10) 高压喷射注浆地基施工记录;
(11) 土和灰土挤密桩复合地基施工记录;
(12) 注浆地基施工记录;
(13) 水泥粉煤灰碎石桩复合地基施工记录;
(14) 夯实水泥土桩复合地基施工记录;
(15) 水泥搅拌桩地基施工记录。

3. 预制桩基施工记录

(1) 沉桩工程开工单;
(2) 成品钢桩外观检查记录;
(3) 钢桩焊接接桩检查记录;
(4) 成品混凝土预制桩外观检查记录;
(5) 混凝土预制桩接桩外观检查记录;
(6) 锤击钢筋混凝土预制桩施工记录;
(7) 混凝土预制桩(焊接法接桩)外观检查记录;
(8) 先张法预应力(PC、PTC、PHC)预制桩外观检查记录;
(9) 静压桩施工记录。

4. 灌注桩施工记录

(1) 钻孔灌注桩钻进成孔原始记录表;
(2) 钻孔灌注桩清孔记录表;

(3) 钻孔灌注桩钢筋笼制作隐蔽过程验收记录表；

(4) 钻孔灌注桩成孔后灌注前隐蔽工程记录表；

(5) 钻孔灌注桩水下混凝土灌注记录表；

(6) 钻孔灌注桩施工记录汇总表（Ⅰ）；

(7) 钻孔灌注桩施工记录汇总表（Ⅱ）；

(8) 扩头灌注桩施工记录表；

(9) 灌注桩基施工记录；

(10) 深层水泥搅拌桩施工记录；

(11) 人工挖孔桩施工记录；

(12) 试打桩施工记录。

5. 基础工程施工记录

(1) 混凝土浇灌令；

(2) 混凝土浇灌申请书；

(3) 预拌混凝土运输单；

(4) 预拌混凝土坍落度测试记录；

(5) 大体积混凝土测温记录；

(6) 模板拆模申请单；

(7) 基础混凝土结构子分部工程结构实体混凝土强度验收记录；

(8) 同条件养护混凝土试件原始资料记录表；

(9) 基础混凝土结构子分部工程结构实体钢筋保护层厚度验收记录；

(10) 钢筋保护层厚度及间距现场检测原始记录。

2.3.2 主体结构工程施工记录

1. 主体混凝土工程施工记录

(1) 混凝土浇灌令；

(2) 混凝土浇灌申请书；

(3) 预拌混凝土运输单；

(4) 预拌混凝土坍落度测试记录；

(5) 混凝土开盘鉴定记录；

(6) 大体积混凝土测温记录；
(7) 模板拆模申请单；
(8) 构件吊装记录；
(9) 预应力筋张拉记录；
(10) 有粘结预应力灌浆记录；
(11) 楼地面穿层管道盛水记录；
(12) 有防水要求的地（楼）面蓄水记录；
(13) 泼水检查记录；
(14) 屋面天沟蓄水、四周淋水检查记录；
(15) 建（构）筑物沉降观察记录；
(16) 工程技术复核单；
(17) 楼层平面放线记录；
(18) 楼层标高抄测记录；
(19) 建筑倾斜抽测记录；
(20) 建筑物全高抽测记录表；
(21) 建筑物层高抽测记录表；
(22) 垂直集中垃圾道、排烟气道系统检查表；
(23) 混凝土子分部工程结构实体混凝土强度验收记录；
(24) 同条件养护混凝土试件原始资料记录表；
(25) 混凝土结构子分部工程结构实体钢筋保护层厚度验收记录；
(26) 钢筋保护层厚度及间距现场检测原始记录。

2. 主体钢结构制作安装工程施工记录
(1) 钢结构、构件制作施工记录；
(2) 钢结构零件及部件（剪切、气割）质量检查记录；
(3) 钢结构零件及部件加工（矫正和成型）质量检查记录；
(4) 钢结构零件及部件（制孔）质量检查记录；
(5) 焊接实腹钢梁制作外形几何尺寸检查记录；
(6) 钢桁架制作外形几何尺寸；
(7) 焊接 H 型钢构件制作几何尺寸检查记录；

(8) 构件预拼装单元几何尺寸检查记录；

(9) 钢结构件组装（焊接连接组装）质量检查记录；

(10) 压型金属板施工现场制作几何尺寸检查记录；

(11) H型钢构件制作几何尺寸检查记录；

(12) 单层钢柱制作几何尺寸检查记录；

(13) 多节柱制作几何尺寸检查记录；

(14) 墙架、檩条、组件支撑系统构件制作外形尺寸检查记录表；

(15) 钢平台、钢梯、防护钢栏杆制作外形几何尺寸检查记录表；

(16) 钢结构安装工程检查记录表；

(17) 焊条烘焙记录；

(18) 二、三级焊缝外观质量检查记录（一）；

(19) 二、三级焊缝外观质量检查记录（二）；

(20) 对接焊缝、完全熔透组合焊缝尺寸及外观质量检查记录；

(21) T型、十字型、角接接头等熔透焊焊脚尺寸及外观质量检查记录；

(22) 部分焊透组合焊缝、角焊缝外形尺寸及外观质量检查记录；

(23) 大六角头高强度螺栓施工质量检查记录；

(24) 扭剪型高强度螺栓施工质量检查记录；

(25) 钢结构普通紧固件连接质量检查记录；

(26) 焊钉焊接质量检查记录；

(27) 单层钢结构基础轴线、标高复测记录；

(28) 杯口基础检查记录；

(29) 钢柱（单层钢结构）安装几何尺寸检查记录；

(30) 吊车梁安装几何尺寸检查记录；

(31) 钢屋（托）架、桁架梁及受压杆件垂直度和侧向弯曲安装几何尺寸检查记录；

（32）墙架、檩条等次要构件安装几何尺寸检查记录；

（33）钢平台、钢梯和防护钢栏杆安装几何尺寸检查记录；

（34）屋面压型金属板安装几何尺寸检查记录；

（35）墙面压型金属板安装几何尺寸检查记录；

（36）钢结构防火涂料、涂层质量检查记录；

（37）钢结构防腐涂料、涂层、干漆膜厚度、外观质等检测记录；

（38）单层钢结构安装有关几何尺寸检查项目质量检查记录；

（39）现场安装焊缝组对间隙、安装焊缝坡口等检查记录；

（40）单层钢结构整体垂直度和整体平面弯曲值测量记录；

（41）多层、高层的建筑物定位轴线、基础上柱定位轴线和标高等有关项目几何尺寸检查记录；

（42）多层及高层钢结构主体结构整体垂直度和整体平面弯曲值检查记录；

（43）高层（多层）钢结构底层柱安装几何尺寸检查记录；

（44）多层及高层结构上层柱安装几何尺寸检查记录；

（45）高层（多层）钢结构楼层梁、压型板安装几何尺寸检查记录；

（46）多层及高层钢结构主体结构总高度测量记录；

（47）钢网架小拼单元几何尺寸检查记录；

（48）钢网架中拼单元几何尺寸检查记录；

（49）钢网架基础几何尺寸验收检测记录；

（50）钢网架结构安装几何尺寸检查记录。

2.3.3 建筑安装工程施工记录

1. 建筑给水排水及采暖工程施工记录

（1）排污（废雨）水管道通球试验记录；

（2）排污（废）水管道灌水（通水）试验记录；

（3）给水管道（消防管道）试压、试验记录表；

（4）管道（设备）强度（严密性）试验记录；

（5）给水管道（设备）吹污冲洗试验记录；

(6) 水泵试运转记录；
(7) 补偿器预拉伸段压缩记录；
(8) 消防泵设备试运转记录；
(9) 消防栓系统试射试验记录；
(10) 卫生器具满水（通水）试验记录；
(11) 采暖系统运行高度记录；
(12) 锅炉报警及联锁保护装置试验记录；
(13) 锅炉烘炉、煮炉和试运行记录。

2. 建筑电气工程施工记录
(1) 电缆（线）敷设绝缘测试记录；
(2) 接地装置施工检查测试记录；
(3) 线路、插座、开关接线检查记录；
(4) 高压开关柜试验记录；
(5) 低压电气电力设备试验和试运行施工检查记录；
(6) 低压开关柜试验记录；
(7) 油浸（干式）电力变压器试验记录；
(8) 大容量电器线路结点温度测量记录；
(9) 大型灯安装牢固性试验记录；
(10) 建筑物照明通电试运行检查记录；
(11) 双电源自动切换试验记录；
(12) 漏电保护器模拟动作试验记录。

3. 智能建筑工程施工记录
(1) 施工现场质量管理记录表；
(2) 设备材料进场检验表；
(3) 隐蔽工程（随工检查）验收表；
(4) 更改审核表；
(5) 工程安装质量及感观质量验收记录；
(6) 系统试运行记录；
(7) 子系统检测记录；
(8) 强制性检测记录；

(9) 系统（分部工程）检测汇总表。

4. 通风与空调工程施工记录

(1) 管道（设备）强度、严密性试验记录；

(2) 阀门强度和严密性试验记录；

(3) 制冷系统气密性试验记录；

(4) 管道（设备）真空试验记录；

(5) 管道（设备）吹污冲洗试验记录；

(6) 风管漏光（风）检测记录（Ⅰ）（Ⅱ）；

(7) 风机、空调设备机组单机试运转记录；

(8) 通风机、空调机组调试记录；

(9) 风量平衡调试记录（Ⅰ）（Ⅱ）；

(10) 正压送风测试记录表；

(11) 消防排烟测试记录表；

(12) 房间室内风量温度测量记录；

(13) 洁净度测试记录；

(14) 净化空调系统测试记录；

(15) 通风空调系统无生产负荷联合试运转记录；

(16) 制冷机组、单元式空调机组试运转记录；

(17) 氨制冷剂系统、燃气管道焊缝检查记录；

(18) 防排烟系统联合试运行记录；

(19) 空调制冷系统试运转调试记录；

(20) 资料审核表、竣工验收结论汇总。

5. 电梯安装工程施工记录

(1) 土建交接检验记录表；

(2) 电力驱动电梯整机安装检查记录（Ⅰ）（Ⅱ）；

(3) 液压电梯整机安装检查记录（Ⅰ）（Ⅱ）；

(4) 自动扶梯（人行道）整机安装检查记录（Ⅰ）（Ⅱ）；

(5) 电梯机房、井道建筑安装交接检查记录；

(6) 电梯承重梁、起重吊环埋设检查记录；

(7) 电梯层面安装装置检验记录；

(8) 轿厢平层准确度测量记录；

(9) 电梯噪声测试记录；

(10) 电梯运行试验记录；

(11) 电梯运行试验电线图；

(12) 电梯验收整体功能检验记录；

(13) 自动扶梯、自动人行道建筑安装交接检验记录；

(14) 自动扶梯、自动人行道验收整体功能检验记录；

(15) 自动扶梯、自动人行道整机运行试验记录；

(16) 电力驱动、液压、电梯安装隐蔽工程检查记录。

2.3.4 建筑节能工程施工记录

(1) 管及系统严密性检验记录；

(2) 现场组装的组合式空调机组的漏风量检测记录；

(3) 设备单机试运行及调试记录；

(4) 系统联合试运转及调试记录；

(5) 系统节能性能检测记录；

(6) 锚固件拉拔试验记录；

(7) 板材节能系统现场粘结强度测试记录；

(8) 外墙节能构造现场实体钻芯检验记录；

(9) 外窗气密性现场检测报告。

3 工程质量保证资料

3.1 建设工程原材料、成品、半成品、构配件质量证明书和质量试（检）验报告

3.1.1 钢筋

1. 有关标准

(1)《钢筋混凝土用钢 第 2 部分：热轧带肋钢筋》(GB 1499.2—2007)；

(2)《钢筋混凝土用余热处理钢筋》(GB 13014—2013)；

(3)《钢筋混凝土用钢 第 1 部分：热轧光圆钢筋》(GB 1499.1—2008)；

(4)《预应力混凝土用钢丝》(GB/T 5223—2014)；

(5)《预应力混凝土用钢棒》(GB/T 5223.3—2005)；

(6)《预应力混凝土用钢绞线》(GB/T 5224—2014)；

(7)《冷轧带肋钢筋》(GB 13788—2008)；

(8)《冷轧扭钢筋》(JG 190—2006)；

(9)《金属拉材料 拉伸试验 第 1 部分：室温试验方法》(GB/T 228.1—2010)；

(10)《金属材料 弯曲试验方法》(GB/T 232—2010)；

(11)《钢铁及合金化学分析方法》(GB/T 223)；

(12)《钢及钢产品交货一般技术要求》(GB/T 17505—1998)；

(13)《钢的成品化学成分允许偏差》(GB/T 222—2006)；

(14)《碳素钢和中低合金钢火花源原子发射光谱分析方法》(GB/T 4336—2002)；

(15)《钢丝验收、包装、标志及质量证明书的一般规定》(GB/T 2103—2008)。

2. 抽样数量和取样方法

(1) 热、余热处理和冷轧带肋钢筋

1) 每批由同一厂别、同一炉罐号、同一规格、同一交货状态、同一进场时间的钢筋组成。热轧带肋钢筋、热轧光圆钢筋、低碳钢热 SLN 盘条余热处理钢筋每批数量不得大于 60t，冷轧带肋钢筋每批数量不得大于 50t。

2) 每批钢筋取试件一组，其中，热轧带肋、热轧光圆、余热处理钢筋取拉伸试件 2 个，弯曲试件 2 个；低碳钢热轧圆盘条取拉伸试件 1 个，弯曲试件 2 个；冷轧带肋钢筋拉伸试件逐盘 1 个，弯曲试件每批 2 个，必要时，取化学分析试件 1 个。

3) 取样方法：

① 试件应从两根钢筋中截取：每一根钢筋截取一根拉力试件，一根冷弯试件，其中一根再截取化学试件一根。

② 试件在每根钢筋距端头不小于 50cm 处截取。

③ 拉伸试件长度应≥标称标距+200mm。

④ 冷弯试件长度应≥标称标距+150mm。

⑤ 化学试件试样采取方法：

分析用试屑可采用刨取或钻取方法。采取试屑以前，应将表面氧化铁皮除掉，自轧材整个横截面上刨取或者自不小于截面的 1/2 对称刨取。垂直于纵轴中线钻取钢屑的，其深度应达钢材轴心处。供验证分析用钢屑必须有足够的重量。

(2) 冷拉钢筋

应由不大于 30t 的同级别、同直径冷拉钢筋组成一个验收批，每批中抽取 2 根钢筋，每根取 2 个试样分别进行拉力和冷弯试验。

(3) 冷拔低碳钢丝

1) 甲级钢丝的力学性能应逐盘检验，从每盘钢丝上任一端截去不小于 500mm 后再取 2 个试样，分别作拉力和 180。反复弯曲试验，并按其抗拉强度确定该盘钢丝的组别。

2）乙级钢丝的力学性能可分批抽样检验。以同一直径的钢丝5t为一批，从中任取3盘，每盘各截取2个试样，分别作拉力和反复弯曲试验；如有1个试验不合格，应在未取过试样的钢丝盘中，另取双倍数量的试样，再做各项试验；如仍有1个试样不合格，则应对该批钢丝逐盘检验，合格者方可使用。

注：拉力试验包括抗拉强度和伸长率两个指标。

3. 检验项目

（1）物理必试项目

1）拉力试验（屈服强度、抗拉强度、伸长率）；

2）冷弯试验（冷拔低碳钢丝为反复弯曲试验）。

（2）化学分析

主要分析碳（C）、硫（S）、磷（P）、锰（M）、硅（Si）。

4. 合格判定

（1）热轧钢筋、热处理钢筋、碳素刻痕钢丝、钢绞丝

如有某一项试验结果不符合标准要求，则再从同一批中任取双倍数量的试件进行该不合格项目的复验，复验结果（包括该项试验所要求的任一指标）即使只有一个指标不合格，则整批不合格。

（2）冷拉钢筋

当有一项试验不合格时，应另取双倍数量试件重做各项试验，仍有一项不合格时，则为不合格。

（3）冷拔低碳钢丝

如有一个试样不合格，应在未取过试样的钢丝盘中，另取双倍数量的试样，再做各项试验；如仍有一个试样不合格，则应对该批钢丝逐盘检验，合格者方可使用。

另外，受力钢筋无出厂合格证或试验报告，或钢材品种、规格与设计图纸上的品种、规格不一致时为不合格品。机械性能检验项目不齐全，或某一机械性能指标不符合有关标准规定为不合格品。使用进口钢材和改制钢材时，焊接前未做化学分析检验和

焊接试验等为不合格品。对主要受力钢材，发现有"先隐蔽、后检验"的现象，钢材出厂合格证和试验报告单不符合有关标准规定的基本要求的为不合格品。

5. 试验报告

（1）钢筋试验报告单中试验编号、各项试验的测算数据、试验、结论、报告日期由试验室人员依据试验结果填写清楚、准确。试验、计算、审核、负责人员签字要齐全，然后加盖试验章，试验报告单才能生效。

（2）钢筋试验报告单是判定一批钢筋材质是否合格的依据，是施工技术资料的重要组成部分，属保证项目。报告单要求做到字迹清楚，项目齐全、准确、真实。无未完事项，没有项目写"无"或划斜杠，试验室的签字盖章齐全。如试验单某项填写错误，不允许涂抹，应在错项上划一斜杠，将正确的内容填写在其上方，并在此处加盖改错者印章和试验章。

6. 注意事项

领取钢筋试验报告单时，应验看试验项目是否齐全，必试项目不能缺少，试验室有明确结论和试验编号，签字盖章齐全。要注意看试验单上各试验项目数据是否达到规范规定的标准值，是则验收存档，否则应及时取双倍试样做复试或报有关人员处理，并将复试合格单或处理结论附于此单后一并存档。

（1）钢筋的材质证明要"双控"，各验收批钢筋出厂质量合格证和试验报告单缺一不可。材质证明与实物应物证相符。

（2）钢筋出厂质量合格证应有生产厂家质量检验部门盖章，质量有保证的生产厂家，钢筋标牌可作为质量合格证。

（3）钢筋试验报告单中应有试验编号，便于试验室的有关资料查证核实。试验报告单应有明确结论并签章齐全。

（4）领取试验报告后一定要看报告中各项目的实测数值是否符合规范的技术要求。冷弯应将弯曲直径和弯曲角度都写清楚。

（5）钢筋试验单不合格后应附双倍试件复试合格试验报告单

或处理报告。不合格单不允许抽撤。

(6) 应与其他施工技术资料对应一致。相关施工技术资料有：钢筋焊接试验报告、钢筋隐检单、现场预应力混凝土试验记录、现场预应力张拉施工记录、质量验收记录、施工组织设计、技术交底、洽商及竣工图等。

(7) 钢筋出厂质量合格证和试验报告单应及时整理，试验单填写做到字迹清楚，项目齐全、准确、真实，且无未了事项。

(8) 钢筋出厂质量合格证和试验报告单不允许涂改、伪造、随意抽撤或损毁。

(9) 钢筋质量必须合格，应先试验后使用，有出厂质量合格证和试验单。需采取技术处理措施的，应满足技术要求并经有关技术负责人批准后，方可使用。

(10) 合格证、试（检）验单或记录单的抄件（复印件）应注明原件存放单位，并有抄件人、抄件（复印）单位法人的签字和盖章。

(11) 钢筋应有出厂质量证明书或试验报告单，并按有关标准的规定抽取试样作机械性能试验，进场时应按炉罐（批）号及直径分批检验，查对标志、外观检查。

(12) 下列情况之一者，还必须做化学成分检验：

1) 进口钢筋；

2) 在加工过程中，发生脆断、焊接性能不良和机械性能显著不正常的。

(13) 有特殊要求的，还应进行相应专项试验。

(14) 集中加工的钢筋，应有由加工单位出具出厂证明及钢筋出厂合格证和钢筋试验单的抄件。

7. 钢筋出厂质量合格证的验收和进场钢筋的外观质量检查

(1) 钢筋出厂质量合格证的验收

钢筋产品合格证由钢筋生产厂家质量检验部门提供给用户单位，用以证明其产品质量已达到的各项规定指标。其内容包括：钢种、规格、数量、机械性能（屈服强度、抗拉强度、冷弯、伸延率)、化学成分(碳、磷、硅、锰、硫、钒等)的数据及结论、出厂日期、检验部门印章、合格证的编号。合格证要求填写齐全,不得漏填或填错。同时须填明批量,如批量较大时,提供的出厂证又较少,可做复印件或抄件备查,并应注明原件证号存放处,同时应有抄件人签字、抄件日期。

如钢筋在加工厂集中加工,加工单位应具有加工资质。钢筋出厂时应出具成型钢筋质量合格证明书,同时附钢筋原质量证明书及加工厂的抽样试验报告复印件给使用单位。

钢筋进场,经外观检查合格后,由技术员、材料采购员、材料保管员分别在合格证上签字,注明使用工程部位后交资料员保管。合格证应放入材质与产品检验卷内,在产品合格证分目录表上填好相应项目。

(2) 进场钢筋的外观质量检查

1) 钢筋应逐支检查其尺寸,不得超过允许偏差;

2) 逐根检查,钢筋表面不得有裂纹、折叠、结疤、耳子、分类及夹杂,盘条允许有压痕及局部的凸块、凹块、划痕、麻面,但其深度或高度(从实际尺寸算起)不得大于 0.20mm。带肋钢筋表面凸块,不得超过横肋高度,钢筋表面上其他缺陷的深度和高度不得大于所在部位尺寸的允许偏差,冷拉钢筋不得有局部颈缩;

3) 钢筋表面氧化铁皮(铁锈)重量不大于 16kg/t;

4) 带肋钢筋表面标志清晰明了,标志包括强度级别、厂名(汉语拼音字头表示)和直径毫米数字。

8. 整理要求

(1) 此部分资料应归入主要原材料成品、半成品出厂质量证明和试(检)验报告分册中;

(2) 合格证应折成 16 开大小或贴在 16 开纸上;

(3) 各验收批钢筋合格证和试验报告,按批次、按时间先后顺序排列并编号,不得遗漏;

(4) 建立分目录表,并能对应一致。

3.1.2 钢结构用钢材

1. 有关标准

(1)《钢结构工程施工质量验收规范》(GB/T 50205—2001);

(2)《优质碳素结构钢》(GB/T 699—1999);

(3)《低合金高强度结构钢》(GB/T 1591—2008);

(4)《钢及钢产品力学性能试验取样位置及试样制备》(GB/T 2975—1998)。

2. 取样数量和取样方法和检验项目

(1) 碳素结构钢

钢材应成批验收,每批由同一牌号、同一炉罐号、同一等级、同一品种、同一尺寸、同一交货状态组成。每批重量不得大于60t。

每批钢材的取样数量和取样方法见表3-1。

钢材的取样数量和取样方法 表3-1

序号	检验项目	取样数量(个)	取样方式
1	化学分析	1 (每炉罐号)	GB/T 222
2	拉伸	1	GB/T 2975
3	冷弯		
4	常温冲击	3	
5	低温冲击		

(2) 优质碳素结构钢

钢材应按批检查和验收,每批由同一炉罐号、同一加工方法、同一尺寸、同一交货状态(或同一热处理炉次)的钢材组成,取样数量及方法,见表3-2。

钢材取样数量及试验方法 表3-2

序号	试验项目	取样数量	取样部位	试验方法
1	化学成分	1	GB/T 222	GB/T 223
2	低倍组织	2	相当于钢锭头部的 不同根钢坯或钢材	GB 226 GB/T 1979

续表

序号	试验项目	取样数量	取样部位	试验方法
3	断口	2	不同根钢材	GB/T 1814
4	硬度	3	不同根钢材	GB/T 231
5	拉伸试验	2	不同根钢材	GB/T 228 GB/T 2975
6	冲击试验	2	不同根钢材	GB/T 229
7	脱碳	2	不同根钢材	GB/T 224
8	晶粒度	2	任一根钢材	GB/T 6394
9	非金属夹杂物	2	不同根钢材	GB/T 10561
10	显微组织	2	不同根钢材	GB/T 13299

（3）低合金高强度结构钢

钢材应成批验收，每批由同一牌号、同一质量等级、同一炉罐号、同一品种、同一尺寸、同一热处理制度（指按热处理状态供应）的钢材组成。

A级钢或B级钢允许同牌号、同一质量等级、同一冶炼和浇筑方法、不同炉罐号组成混合批。但每批不得多于6个炉罐号，且各炉罐号含碳量之差不得大于0.02%，Mn含量之差不得大于0.15%。

每批钢材重量不得大于60t。取样数量及取样方法见表3-3。

钢材取样数量及取样方法　　　　　表3-3

序号	检验项目	取样数量,个	取样方法	试验方法
1	化学分析	1 （每炉罐号）	GB/T 222	GB/T 223
2	拉伸	1	GB/T 2975	GB/T 228
3	歪曲	1	GB/T 2975	GB/T 232
4	常温冲击	3	GB/T 2975	GB/T 229
5	低温冲击	3	GB/T 2975	GB/T 229

3. 合格判定

（1）承重结构采用的钢材应具有抗拉强度、伸长率、屈服强度和硫、磷含量的合格保证，对焊接结构尚应具有碳含量的合格保证。

焊接承重结构以及重要的非焊接承重结构采用的钢材还应具有冷弯试验的合格保证。

（2）对于一般非承重构件或由构造要求决定的构件，只要保证钢材的抗拉强度和伸长率即能满足要求；对于承重的结构则必须具有抗拉强度、伸长率、屈服强度（或屈服点）三项合格保证。

4. 注意事项

（1）钢材出厂质量合格证和试验报告单应及时整理，试验单填写做到字迹清楚、项目齐全、准确、真实，且无未完事项。

（2）钢材出厂质量合格证和试验报告单不允许涂改、伪造、随意抽撤或损毁。

（3）钢材质量必须合格，应先试验后使用，有出厂质量合格证或试验单。需采取技术处理措施的，应满足技术要求并经有关技术负责人批准后方可使用。

（4）合格证、试（检）验单或记录单的抄件 1 复印件应注明原件存放单位，并有抄件人、抄件（复印）单位的签字和盖章。

（5）必须有质量证明书，并应符合设计文件的要求，如对钢材的质量有疑义时，必须按规则进行机械性能试验和化学成分检验，合格后方能使用。

（6）钢结构的连接件（摩擦型高强螺栓和其他螺栓及铆钉和防火涂料）应有质量证明书，并符合设计要求和国家规定的标准。

高强螺栓在安装前，按相关规定应复验连接试件的摩擦系数，合格后方可安装。

3.1.3 焊条、焊剂

1. 有关标准

(1)《非合金钢及细晶粒钢架条》(GB/T 5117—2012);

(2)《热强钢焊条》(GB/T 5118—2012);

(3)《埋弧焊用碳钢焊丝和焊剂》(GB/T 5293—1999);

(4)《埋弧焊用低合金钢焊丝和焊剂》(GB/T 12470—2003)。

2. 抽样批量

(1) 批量划分

每批焊条由同一批号焊芯、同一批号主要涂料原料,以同样涂料配方及制造工艺制成。EXX01、EXX03 或 E4313 型焊条的每批为 100t。其他型号焊条的每批为 50t。

每批焊剂系指用批号不变的原材料,按同一配方、以相同的制造工艺所生产的焊剂而言,且每批焊剂的重量不得超过 50t。

(2) 取样

焊条:每批焊条试验时,按照需要数量至少在 3 个部位平均取有代表性的样品。

焊剂:散放时,每批抽样不少于 6 处均匀取样。袋装时,每批取样从 10 袋中抽取一定剂量样品。每批抽取的总量不少于 10kg,搅拌均匀,用四分法,取 5kg 作焊剂试样,供力学检验试板用;另 5kg 供检验其他项目用。

3. 检验项目

(1) 出厂检验

焊条有角焊缝、熔敷金属化学成分、熔敷金属力学性能、焊缝射线探伤、焊条药皮含水量、熔敷金属扩散氢含量等项目检查。

焊剂有焊剂颗粒度、焊剂含水量、焊剂机械夹杂物、焊接工艺性能、硫、磷含量等。

(2) 复试项目

焊条检验项目为抗拉强度、屈服点及伸长率。焊剂为焊缝金属抗拉、屈服点及伸长率。其他项目具体确定。

（3）表格填写

按表格要求逐项填写，数据应真实，对判定结果由有关人员签字认可。

（4）判定标准

对复试项目，焊条、焊剂任何一项检验不合格时，该项检验应加倍复验。当复验时，抗拉强度、屈服点及伸长率同时作为复验项目。其试样可在原试板或新焊的试板上截取。加倍复验结果应符合该项检验的规定。其性能不符合设计要求和有关标准规定判为不合格。

4. 有关规定

（1）焊条、焊剂和焊药应有出厂质量证明书，并应符合设计要求。

（2）焊条、焊剂和焊药需进行烘焙的应有烘焙记录。

（3）焊条、焊剂和焊药的出厂质量合格证和烘焙记录应及时整理，烘焙记录填写做到字迹清楚、项目齐全、准确、真实。

（4）焊条、焊剂和焊药的出厂质量合格证和烘焙记录不允许涂改、伪造、随意抽撤或损毁。其抄件（复印件）应注明原件存放处，并有抄件人、抄件（复印）单位的签字和盖章。

5. 焊条、焊剂和焊药出厂质量合格证的验收

焊条、焊剂和焊药出厂质量合格证应由生产厂家的质检部门提供给使用单位，作为证明其产品质量性能的依据。合格证应注明焊条、焊剂和焊药的型号、牌号、类型、生产日期、有效期限等。对于名牌产品（如大桥牌焊条）可取其包装封皮作为该产品的合格证存档。

6. 烘焙记录

烘焙记录反映焊条、焊剂和焊药的烘焙情况，其内容应包括烘焙方法、时间、测温记录及烘焙、测温人的签字。

7. 注意事项

各种焊条、焊剂和焊药的出厂质量合格证要及时收存，不要遗失，并要折齐贴好。

3.1.4 水泥

1. 水泥检查有关标准

(1)《水泥胶砂强度检验方法(ISO法)》(GB/T 17671—1999);

(2)《水泥标准稠度用水量、凝结时间、安定性检验方法》(GB/T 1346—2011);

(3)《水泥细度检验方法筛析法》(GB/T 1345—2005);

(4)《通用硅酸盐水泥》(GB 175—2007);

(5)《砌筑水泥》(GB/T 3183—2003);

(6)《水泥取样方法》(GB/T 12573—2008);

(7)《通用水泥质量等级》(JC/T 452—2009)。

2. 水泥的名称、定义与强度等级(表3-4)

水泥的名称、定义与强度等级　　表3-4

名　称	定　义	强度等级
硅酸盐水泥	凡由硅酸盐水泥熟料、0～5%石灰石或粒化高炉矿渣、适量石膏磨细制成的水硬性胶凝材料,称为硅酸盐水泥(即国外通称的波特兰水泥)。硅酸盐水泥分两种类型,不掺加混合材料的称Ⅰ型硅酸盐水泥,代号P·Ⅰ。在硅酸盐水泥熟料粉磨时掺加不超过水泥质量5%石灰石或粒化高炉矿渣混合材料的称Ⅱ型硅酸盐水泥,代号P·Ⅱ	42.5 42.5R 52.5 52.5R 62.5 62.5R
普通硅酸盐水泥	凡由硅酸盐水泥熟料、6%～15%混合材料适量石膏磨细制成的水硬性胶凝材料,称为普通硅酸盐水泥(简称普通水泥),代号P·O。掺活性混合材料时,最大掺量不得超过15%,其中允许用不超过水泥质量5%的窑灰或不超过水泥重量10%的非活性混合材料来代替。掺非活性混合材料时最大掺量不得超过水泥质量10%	42.5 42.5R 52.5 52.5R
矿渣硅酸盐水泥	凡由硅酸盐水泥熟料和粒化高炉矿渣、适量石膏磨细制成的水慢性胶凝材料,称为矿渣硅酸盐水泥(简称矿渣水泥),代号P·S。水泥中粒化高炉矿渣掺加量按质量百分比计为20%～70%。允许用石灰石、窑灰、粉煤灰和火山灰质混合材料中的一种材料代替矿渣,代替数量不得超过水泥质量的8%,替代后水泥中粒化高炉矿渣不得少于20%	32.5 32.5R 42.5 42.5R 52.5 52.5R

续表

名　称	定　义	强度等级
火山灰硅酸盐水泥	凡由硅酸盐水泥熟料和火山灰质混合材料、适量石膏磨细制成的水硬性胶凝材料称为火山灰质硅酸盐水泥（简称火山灰水泥），代号P·P。水泥中火山灰质混合材料掺加量按质量百分比计为20%～50%	32.5 32.5R 42.5 42.5R 52.5 52.5R
粉煤灰硅酸盐水泥	凡由硅酸盐水泥熟料和粉煤灰,适量石膏磨细制成的水硬性胶凝材料称为粉煤灰硅酸盐水泥（简称粉煤灰水泥），代号P·F。水泥中粉煤灰掺加量按质量百分比计为20%～40%	

3. 技术要求

（1）氧化镁：熟料中氧化镁的含量不得超过5.0%，如果水泥经压蒸安定性试验合格，则熟料中氧化镁的含量允许放宽到6.0%。

（2）三氧化硫：矿渣水泥中三氧化硫含量不得超过4.0%，硅酸盐水泥、普通水泥、火山灰水泥、粉煤灰水泥中三氧化硫含量不得超过3.5%。

（3）细度：硅酸盐水泥比表面积大于300m^2/kg，其他四种水泥80um方孔筛筛余不得超过10.0%。

（4）凝结时间：硅酸盐水泥初凝不得早于45min，终凝不得迟于390min。其他四种水泥初凝不得早于45min，终凝不得迟于10h。

（5）不溶物：Ⅰ型硅酸盐水泥中不溶物不得超过0.750A，Ⅱ型硅酸盐水泥中不溶物不得超过1.50%。

（6）烧失量：Ⅰ型硅酸盐水泥中烧失量不得大于3.0%，Ⅱ型硅酸盐水泥中烧失量不得大3.5%。普通水泥中烧失量不得大于5.0%。

（7）安定性：用沸煮法检验必须合格。

（8）强度：水泥强度按规定龄期的抗压强度和抗折强度来划分，各强度水泥的各龄期强度不得低于表3-5数值。

各强度水泥的各龄期强度 表 3-5

品种	强度等级	抗压强度		抗折强度	
		3d	28d	3d	28d
硅酸盐水泥	42.5	≥17.0	≥42.5	≥3.5	≥6.5
	42.5R	≥22.0		≥4.0	
	52.5	≥23.0	≥52.5	≥4.0	≥7.0
	52.5R	≥27.0		≥5.0	
	62.5	≥28.0	≥62.5	≥5.0	≥8.0
	62.5R	≥32.0		≥5.5	
普通硅酸盐水泥	42.5	≥17.0	≥42.5	≥3.5	≥6.5
	42.5R	≥22.0		≥4.0	
	52.5	≥23.0	≥52.5	≥4.0	≥7.0
	52.5R	≥27.0		≥5.0	
矿渣硅酸盐水泥 火山灰硅酸盐水泥 粉煤灰硅酸盐水泥 复合硅酸盐水泥	32.5	≥10.0	≥32.5	≥2.5	≥5.5
	32.5R	≥15.0		≥3.5	
	42.5	≥15.0	≥42.5	≥3.5	≥6.5
	42.5R	≥19.0		≥4.0	
	52.5	≥21.0	≥52.5	≥4.0	≥7.0
	52.5R	≥23.0		≥4.5	

4. 有关规定

(1) 水泥出厂质量合格证和试验报告单应及时整理, 试验单填写做到字迹清楚, 项目齐全、准确、真实, 且无未完事项。

(2) 水泥出厂质量合格证和试验报告单不允许涂改、伪造, 随意抽撤或损毁。

(3) 水泥质量必须合格, 应先试验后使用, 要有出厂质量合格证或试验单。需采取技术处理措施的, 应满足技术要求并经有关技术负责人批准(签字)后方可使用。

(4) 合格证、试(检)验单或记录单的抄件(复印件)应注明原件存放单位, 并有抄件人、抄件(复印)单位的签字或盖章

（红章）。

（5）水泥应有生产厂家的出厂质量证明书，并应对其品种、强度等级、包装（或散装仓号）和出厂日期等检查验收。

（6）有下列情况之一者，必须进行复试，混凝土应重新试配：

1）用于承重结构的水泥；

2）使用部位有强度等级要求的水泥；

3）水泥出厂超过3个月（快硬硅酸盐水泥为1个月）；

4）进口水泥。

5. 水泥出厂质量合格证的验收和进场水泥的外观检查

（1）水泥出厂质量合格证的验收

水泥出厂质量合格证应由生产厂家的质量部门提供给使用单位，作为证明其产品质量性能的依据，生产厂家应在水泥发出日起7d内寄发并在32d内补报28d强度。资料员应及时催要和验收。水泥出厂质量合格证中应含品种、强度等级、出厂日期、抗压强度、抗折强度、安定性、试验编号等项内容和性能指标，各项应填写齐全，不得错漏。水泥强度应以标养28d试件试验结果为准，故28d强度补报单为合格证的重要部分，不能缺少。

如批量较大，而厂方提供合格证少时，可制作复印件备查或做抄件，抄件应注明原件证号、存放处，并有抄件人签字及抄件日期。水泥质量合格证下备注内由施工单位填明单位工程名称及工程使用部位，加盖水泥厂印章。

（2）进场水泥的外观检查

1）标志：水泥袋上应清楚标明：工厂名称、生产许可证编号、品种、名称、代号、强度等级、包装年、月、日和编号。掺火山灰质混合材料的普通水泥还应标上"掺火山灰"字样，散装水泥应提交与袋装标志相同内容的卡片和散装仓号，设计对水泥有特殊要求时，应查是否与设计要求相符。

2）包装：抽查水泥的重量是否符合规定。绝大部分水泥每袋净重为50 ± 1kg，但以下品种的水泥每袋净重略有不同：

① 快凝快硬硅酸盐水泥，每袋净重为：45±1kg；
② 砌筑水泥，每袋净重为：40±1kg；
③ 铝酸盐早强水泥，每袋净重为：46±1kg。
注意袋装水泥的净重，以保证水泥的合理运输和掺量。
3）产品合格证检查：检查产品合格证的品种、强度等级指标是否符合要求，进货品种是否和合格证相符。

(3) 水泥外观检查

进场水泥应查看是否受潮、结块、混入杂物或不同品种、强度等级的水泥混在一起，检查合格后入库贮存。

6. 水泥的取样试验

(1) 水泥试验的取样方法和数量

1）水泥试验应以同一水泥厂、同强度等级、同品种、同一生产时间、同一进场日期的水泥，散装水泥500t、袋装水泥200t为一验收批，不足吨数时亦按一验收批计算。

2）每一验收批取样一组，数量为12kg。

3）取样要有代表性，一般可以从20个以上的不同部位或20袋中取等量样品，总数至少12kg，拌合均匀后分成两等份，一份由试验室按标准进行试验，一份密封保存备复验用。

(2) 常用水泥试验项目

1）水泥强度（抗压强度、抗折强度）；

2）水泥安定性；

3）水泥初凝时间。

必要时试验项目：细度和凝结时间。

检验标准见各种水泥的技术要求。

7. 注意事项

(1) 水泥出厂质量合格证应有生产厂家质量部门的盖章；

(2) 生产厂家的水泥28d强度补报单不能缺少；

(3) 水泥试验报告应有试验编号（以便与试验室的有关资料查证核实），要有明确结论，签章齐全；

(4) 一定要验看试验报告中各项目的实测数值是否符合规范

规定的标准值；

（5）注意水泥的有效期（一般为3个月，快硬硅酸盐水泥为1个月），过期必须做复试。连续施工的工程相邻两次水泥试验的时间不应超过其有效期；

（6）如水泥质量有问题，根据试验报告的数据可降级使用，但须经有关技术负责人批准（签字）后方可使用，且应注明使用工程项目及部位；

（7）水泥出厂合格证和试验报告按规定不能缺少，并要与实际使用的水泥批次相符合；

（8）要与其他施工技术资料对应一致、吻合，见图3-1。

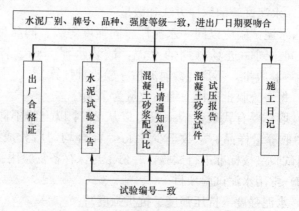

图3-1 水泥检验与其他施工技术资料对应

3.1.5 砂石、轻骨料、粉煤灰

1. 砂石

（1）有关标准

1)《普通混凝土用砂、石质量及检验方法标准》(JGJ 52—2006)；

2)《建筑用砂》(GB/T 14684—2011)。

（2）有关规定

1) 砂、石使用前应按产地、品种、规格、批量取样进行试验，内容包括：颗粒级配、密度、表现密度、含泥量、泥块含量。

2）用于配制有特殊要求的混凝土，还需做相应的项目试验。

3）砂、石质量必须合格，应先试验后使用，要有出厂质量合格证或试验单。需采取技术处理措施的，应满足技术要求并应经有关技术负责人（签字）批准后，方可使用。

4）合格证、试（检）验单或记录单的抄件（复印件）应注明原件存放单位，并有抄件人、抄件（复印）单位的签字和盖章。

5）砂、石应有生产厂家的出厂质量证明书，并应对其品种和出厂日期等检查验收。

6）有下列情况之一者，必须进行复试，混凝土应重新试配：

① 用于承重结构的砂、石；

② 无出厂证明的；

③ 对砂、石质量有怀疑的；

④ 进口砂、石。

（3）砂、石的取样试验及试验报告

1）砂、石试验的取样方法和数量：

① 砂子试验应以同产地，同一规格，同一进厂时间，每400m^3 或600t 时按一验收批计。

② 每一验收批取试样一组，砂数量为22kg，石子数量40kg［量大粒径为（10mm、15mm、20mm）或80kg（最大粒径30mm、40mm）］。

③ 取样方式：

A. 在料堆上取样时，取样部位均匀分布，取样前先将取样部位表层铲除，然后由各部位抽取大致相等的试样砂8份，每份11kg以上；石子15份（在料堆的顶部取得），每份5～10kg（20mm以下取5kg以上，30、40mm取10kg以上），搅拌均匀后缩分成一组试样。

B. 从皮带运输机上取样时，应在皮带运输机机尾的出料处，用接料器定时抽取试样，并由砂4份样，每份22kg以上；石子

8份试样,每份10～15kg(20mm以下10kg,30、40mm取15kg),搅拌均匀后分成一组试样。

④ 构件厂、搅拌站应在砂子进厂时取样,并应根据贮存使用情况定期复验。

2)砂、石试验的必试项目:

① 砂必试项目:筛分析、含泥量、泥块含量。

② 石必试项目:筛分析、含泥量、泥块含量、针、片状颗粒含量、压碎指标。

3)试验方法及合格判定:

砂、石的试验方法详见《常用建筑材料试验手册》。

砂、石试验各项达到普通混凝土用砂、石的各项技术要求,为合格。

(4)注意事项

1)砂石及轻骨料试验报告单应有试验编号,便于与验室的有关资料查证核实,试验报告单位有明确结论并签字盖章;

2)领取试验报告后,一定要验看报告中各项目的测数值是否符合相应规范的各项技术要求;

3)试验不合格的试验单,其后应附有双倍试件复试合格试验报告或处理报告,不合格单不允许抽撤;

4)应与其他施工技术资料对应一致,交圈吻合。相关施工技术资料有:混凝土(砂浆)配合比申请单及通知单、混凝土(砂浆)试块抗压强度报告等施工试验资料、施工记录、施工日志、施工日志、质量评定、施工组织设计、技术交底、洽商和竣工图。

2. 轻骨料

轻骨料主要包括黏粒、页岩陶粒、浮石、火山渣、膨胀矿渣、煤渣和自然煤矸石等的检测用表。

(1)有关标准

1)《轻集料及其试验方法》(GB/T 17431.1～2—2010);

2)《轻骨料混凝土技术规程》(JGJ 51—2002)。

(2)抽样批料

轻骨料按品种、种类、密度等级和质量等级分批检验验收，每200m³为一批。不足200m³亦为一批。

(3) 检验项目

1) 轻粗骨料：颗粒级配、堆积密度、粒型系数、筒压强度（高强轻粗骨料尚应检测强度等级）和吸水率；

2) 轻细骨料为：轻度模数、堆积密度。

(4) 表格填写

按表格要求填写，数据应真实，对判定结果由有关人员签字认可。

(5) 判定标准

1) 轻粗骨料对颗粒级配、堆积密度、筒压强度和吸水率进行判定。

2) 轻细骨料对细度模数、堆积密度进行判定。

各项性能指标均合标准的相应规定，可判定为该等级。若有一项性能指标不符合标准要求时，则应从同一批轻骨料中加倍取样，对不符合标准要求的项目进行复试，复验后仍不符合标准要求时，则该产品判为降级或不合格。

① 颗粒级配，见表3-6。

颗粒级配表　　　　表3-6

编号	轻骨料种类	级配类别	公称粒级(mm)	各号筛的累计筛余(按质量计)(%) 筛孔尺寸(mm)									
				40.0	31.5	20.0	16.0	10.0	5.00	2.50	1.25	0.630	0.315	0.160
1	细骨料		0~5					0	0~10	0~35	20~60	30~80	65~90	75~100
2	粗骨料	连续粒级	5~40		0~10	—	40~60	—	50~85	90~100	95~100			
3			5~31.5		0~5	0~10	—	40~75	—	90~100	95~100			
4			5~20		—	0~5	0~10	—	40~80	90~100	95~100			

续表

编号	轻骨料种类	级配类别	公称粒级(mm)	各号筛的累计筛余(按质量计)(%) 筛孔尺寸(mm)									
				40.0	31.5	20.0	16.0	10.0	5.00	2.50	1.25	0.630	0.315	0.160
5	粗骨粒	连续粒级	5~16	—	—	—	0~10	20~60	85~100	95~100				
6			5~16	—	—	—	0	0~15	85~100	95~100				
7		单粒粒级	10~16	—	—	0	0~15	85~100	90~100					

② 堆积密度，见表 3-7。

堆积密度表 表 3-7

密度等级		堆积密度范围(kg/m³)
轻粗骨料	轻细骨料	
200	—	110~200
300	—	210~300
400	—	310~400
500	500	410~500
600	600	510~600
700	700	610~700
800	800	710~800
900	900	810~900
1000	1000	910~1000
1100	1100	1010~1100
—	1200	1110~1200

③ 筒压强度见表 3-8。

3. 粉煤灰

用于水泥和混凝土的粉煤机检测，主要用于混凝土的粉煤灰检测。

筒压强度表　　　　　　　　　表 3-8

超轻骨料品种		密度等级	筒压强度		
			优等品	一等品	合格品
超轻粗骨料筒压强度	黏土陶粒、页岩陶粒、粉煤灰陶粒	200	0.3	0.2	0.2
		300	0.7	0.5	0.5
		400	1.3	1.0	1.0
		500	2.0	1.5	1.5
	其他超轻粗骨料≤500				
普通轻粗骨料筒压强度	黏土陶粒、页岩陶粒、粉煤灰陶粒	600	3.0	2.0	2.0
		700	4.0	3.0	3.0
		800	5.0	4.0	4.0
		900	6.0	5.0	5.0
	浮石、火山渣、煤渣	600	—	1.0	0.8
		700	—	1.2	1.0
		800	—	1.5	1.2
		900	—	1.8	1.5
	自然煤矸石、膨胀矿渣	900	—	3.5	3.0
		1000	—	4.0	3.5
		1100	—	4.5	4.0
高强轻粗骨料的筒压强度	黏土陶粒	600	4.0		
	页岩陶粒	700	5.0		
	粉煤灰陶粒	800	6.0		
	火山渣陶粒	900	7.0		

（1）有关标准

1）《用于水泥和混凝土中的粉煤灰》（GB/T 1596—2005）及附录。

① 粉煤灰细度测定方法；

② 粉煤灰需水量比测定方法；

③ 粉煤灰水泥胶砂 28d 抗压强度试验方法。

2)《水泥化学分析法》(GB/T 176—2008)。
3)《水泥胶砂强度检验方法》(GB/T 17671—1999)。
4)《水泥胶砂流动度测定方法》(GB/T 2419—2005)。
5)《粉煤灰混凝土应用技术规程》(DG/TJ 08—230—2006)。
6)《水工混凝土掺用粉煤灰的技术规程》(DL/T 5055—2007)。

(2) 抽样批量

按相同等级的不超过 200t 为一验收批检验。每批取一组试件，散装从不同部位取 15 份试样，每份 1～3kg；袋装以每批 10 袋中，每取 1kg。缩取成 1kg 送试。

(3) 检验项目

细度、烧失量、含水量，必要时也检验需水量比、三氧化硫等。

(4) 表格填写

按表要求填写，数据应真实，对判断结果由有关人员签字认可。

(5) 判定标准

符合技术要求的为等级品，若其中任何一项不符合要求的，应重新加倍取样复试，复试仍不合格的须降级处理。低于技术中最低技术要求的为不合格品。其技术指标，见表3-9。

用于水泥和混凝土的粉煤灰技术指标　　　表3-9

序号	指　标	级　别		
		Ⅰ	Ⅱ	Ⅲ
1	细度(0.045mm方筛余)(%)	12	20	45
2	需水量比(%)　不大于	95	105	115
3	烧失量(%)	5	8	15
4	含水量(%)	5	1	不规定
5	三氧化硫(%)	1	3	3

3.1.6　外加剂

1. 有关标准

(1)《混凝土外加剂》(GB 8076—2008)；

(2)《混凝土膨胀剂》(GB 23439—2009);

(3)《普通混凝土拌合物性能试验方法》(GB/T 50080—2002);

(4)《普通混凝土力学性能试验方法》(GB/T 50081—2002);

(5)《普通混凝土长期性和耐久性能试验方法》(GB/T 50082—2009);

(6)《普通混凝土配合比设计技术规定》(JGJ 55—2011)。

2. 外加剂出厂质量合格证的验收和进场产品的外观检查

(1) 外加剂出厂质量合格证的验收

外加剂进场必须有生产厂家的质量证明书。其中：厂名、产品、名称及型号、包装重(质)量、出厂日期、主要特性及成分、适用范围及适宜掺量、性能检验合格证(匀质性指标及掺外加剂混凝土性能指标)、贮存条件及有效期、使用方法及注意事项等项要填写清楚、准确、完整。确认外加剂产品与质量合格证物证相符合，摘取一份防伪认证标志，附贴于产品出厂质量合格证上，归档保存。

(2) 进场产品的外观检查

进场产品的外观检查首先是确认防伪认证标志，然后对照产品出厂质量合格证明书检查产品的包装，有无受潮变质、超过有效限期并抽测质(重)量。

3. 外加剂的试验及试验报告

(1) 试验项目及其所需试件的制作和数量

外加剂的性能主要由掺外加剂混凝土性能指标和匀质性指标来反映。

外加剂使用前必须进行性能试验并有试验报告和掺外加剂普通混凝土(砂浆)的配合比通知单(掺量)。

试件制作：混凝土试件制作及养护参照《普通混凝土拌合物性能试验方法标准》(GB 50080—2002)进行，但混凝土预养温度为 $20\pm3℃$。

试验项目及所需数量详见表 3-10。

试验项目及所需数量表　　　　表 3-10

试验项目	外加剂类别	试验类别	混凝土拌合批数	每批取样数目	掺外加剂混凝土总取样数目	基准混凝土总取样数目
减水率	除早强剂、缓凝剂外各种外加剂	混凝土拌合物	3	1次	3次	3次
坍落度含气量泌水率凝结时间	各种外加剂		3 3 3 3	1次 1个 1个 1个	3次 3个 3个 3个	3次 3个 3个 3个
抗压强度收缩		硬化混凝土	3	12 或 15 块 1 块	36 或 45 块 3 块	36 或 45 块 3 块
钢筋锈蚀		新拌或硬化砂浆	3	1 块	3 块	3 块
相对耐久性指标	引气剂、引气减水剂	硬化混凝土	3	1 块	3 块	3 块

试验时，检验一种外加剂的三批混凝土要在同一天内完成。

（2）外加剂试验报告的内容、填制方法和要求

外加剂试验报告见表 3-11。

材料试验报告　　　　表 3-11

委托单位：	委托人：
工程名称：	用途：
样品名称：	产地、厂别：
要求试验项目：	试样收到日期：

试样结果：

结论：

负责人：　　　审核：　　　计算：　　　试验：

报告日期：　　年　　月　　日

注：无专用表时，用此通用表。

表 3-11 中委托单位、委托人、工程名称、用途、样品名称、产地、厂别、试样收到日期、要求试验项目，由试验委托人（工地试验员）填写。其他部分由试验室人员依据试验测算结果填写清楚、准确、完整。

领取外加剂试验报告单时，应验看要求试验项目是否试验齐全，各项试验数据是否达到规范规定值和设计要求，结论要明确，试验室编号、签字、盖章要齐全。试验有不符合要求的项目，应及时复试或报工程技术负责人进行处理。复试合格试验单和处理结论，附于此单后一并存档。

4. 注意事项

（1）外加剂出厂质量合格证应有生产厂家质量部门的盖章，防冻剂必须有防伪认证标志。

（2）外加剂试验报告应由相应资质等级的建筑试验室签发。

（3）外加剂的使用应在其有效期内，查对产品出厂合格证和混凝土、砂浆施工试验资料及施工日志，可知是否超期。

（4）外加剂试验报告单中应有试验编号，便于与试验室的有关资料查证核实。试验报告单应有明确结论并签章齐全。

（5）领取试验报告后一定要验看报告中各项目的实测数值是否符合规范的技术要求。

（6）外加剂试验不合格单后应附双倍试剂复试合格试验报告单或处理报告。不合格单不允许抽撤。

（7）外加剂资料应与其他施工技术资料对应一致，交圈吻合，相关施工技术资料有：混凝土、砌筑砂浆的配合比申清单和通知单、试件试压报告单、施工记录、施工日志、预检记录、隐检记录、质量评定、施工组织设计、技术交底和洽商记录。

3.1.7 砖和砌块

1. 烧结普通砖

烧结普通砖包括黏土砖（N）、页岩砖（Y）、煤矸石砖（M）和粉煤灰砖（F）。

（1）有关标准

1)《砌体结构设计规范》(GB 50003—2011);
2)《砌体结构工程施工质量验收规范》(GB 50203—2011);
3)《烧结普通砖》(GB 5101—2003);
4)《砌墙砖试验方法》(GB/T 2542—2012);
5)《砌墙砖检验规则》(JC/T 466—1996)。

(2) 抽样批量

每3.5～15万块为一检验批,但不得超过一条生产线的日产量,不足3.5万块按一批计,每批抽查一组,每组50块。

外观质量随机抽样法抽样品外观质量50块,其他项目从外观、尺寸检验后样品中随机抽样检验。尺寸偏差20块、强度等级10块、泛霜5块、石灰爆裂5块、冻融5块、吸水率和饱和系数5块、放射性4块。

(3) 检验项目

型式检验项目:《烧结普通砖》(GB 5101—2003) 要求的全部项目。包括尺寸偏差、外观质量、强度、抗风化性、泛霜、石灰爆裂、欠火砖、酥砖和螺旋砖、放射性物质等。

现场复试项目:尺寸偏差、外观质量、强度等级。必要时,也检抗风化性能、泛霜和石灰爆裂项目,不允许有欠火砖、酥砖和螺旋砖。

(4) 表格填写

按表格要求填写,数据应真实,对判定结果由有关人员签字认可。

(5) 判定标准

每一批按尺寸偏差、外观质量、强度等级和在时效范围内最近一型式检验结果中抗风化性能、石灰爆裂及泛霜项目中最低质量等级进行判定,其中有一项不合格,则判为不合格,外观检查中有欠火砖、酥砖、螺旋砖则判该批产品不合格。

1) 尺寸允许偏差,见表3-12。
2) 外观质量,见表3-13。
3) 强度等级,见表3-14。

尺寸允许偏差（mm） 表 3-12

公称尺寸	优等品		一等品		合格品	
	样本平均偏差	样本极差≤	样本平均偏差	样本极差≤	样本平均偏差	样本极差≤
240	±2.0	6	±2.5	7	±3.0	8
115	±1.5	5	±2.0	6	±2.5	7
53	±1.5	4	±1.6	5	±2.0	6

外观质量（mm） 表 3-13

项目		优等品	一等品	合格品
两条面高度差≤		2	3	4
弯曲≤		2	3	4
凸出高度		2	3	4
缺棱掉角的三个破坏尺寸 不得同时大于		5	20	30
裂纹长度	a. 大面上宽度方向及其延伸至条面的长度	30	60	80
	b. 大面上长度方向及其延伸至顶面的长度或条顶面上水平裂纹的长度	50	80	100
完整面		二条面和二顶面	一条面和一顶面	—
颜色		基本一致	—	—

强度等级（MPa） 表 3-14

强度等级	抗压强度平均值 $F \geq$	变异系数 $\delta \leq 0.21$ 强度标准值 $f_k \geq$	$\delta > 0.21$ 单块最小抗压强度 $f_{mm} \geq$
MU30	30.0	22.0	25.0
MU25	25.0	18.0	22.0
MU20	20.0	14.0	16.0
MU15	15.0	10.0	12.0
MU10	10.0	6.5	7.5

2. 烧结多孔砖和多孔砌块

(1) 烧结多孔砖检查有关标准

1)《砌体结构设计规范》(GB 50003—2011);

2)《砌体结构工程施工质量验收规范》(GB 50203—2011);

3)《烧结多孔砖和多孔不砌块》(GB 13544—2011);

4)《砌墙砖试验方法》(GB/T 2542—2012);

5)《砌墙砖检验规则》(JC/T 466—1996)。

(2) 抽样批量

每 3.5～15 万块为一检验批,不足 3.5 万块按一批计。外观质量按随机抽样法抽样,在每一检验批的产品堆垛中抽取 50 块,尺寸偏差和其他检验项目的样品用随机抽样法从外观质量检验后的样品中抽取。其中,尺寸允许偏差 20 块,强度等级 10 块,泛霜、石灰爆裂、冻融、吸水率和饱和系数分别为 5 块,密度等级、孔型孔结构及孔洞率和放射性核素限量为 3 块。

(3) 检验项目

型式检验项目:《烧结多孔砖和多孔砌块》(GB 13544—2011) 规定的全部项目,包括强度等级、尺寸偏差、孔型孔洞率及孔洞排列、外观质量、冻融、泛霜、石灰爆裂、吸水率和饱和系数等。

现场复试项目:尺寸偏差、外观质量、强度等级。必要时,可检验其他项目。

(4) 表格填写

按表格要求填写,数据应真实,对判定结果由有关人员签字认可。

(5) 判定标准

对尺寸允许偏差、外观质量、强度等级进行判定,必要时,对抗风化性能、泛霜和石灰爆裂进行检查。每一批中有一项不合格,则判为不合格。

1) 尺寸允许偏差,见表 3-15。

2) 外观质量,见表 3-16。

3) 强度等级,见表 3-17。

尺寸允许偏差 (mm)　　　　　　　　　　　表 3-15

尺寸	样本平均偏差	样本极差≤
>400	±3.0	10.0
300~400	±2.5	9.0
200~300	±2.5	8.0
100~200	±2.0	7.0
<100	±1.5	6.0

外观质量 (mm)　　　　　　　　　　　　表 3-16

项　目		指　标
1. 完整面	不得少于	一条面和一顶面
2. 缺棱掉角的三个破坏尺寸	不得同时大于	30
3. 裂纹长度		
1) 大面(有孔面)上深入孔壁 15mm 以上宽度方向及其延伸到条面的长度	不大于	80
2) 大面(有孔面)上深入孔壁 15mm 以上长度方向及其延伸到顶面的长度	不大于	100
3) 条顶面上的水平裂纹	不大于	100
4. 杂质在砖或砌块面上造成的凸出高度	不大于	5

注：凡是下列缺陷之一者，不能称为完整面：
　　a) 缺损在条面或顶面上造成的破坏面尺寸同时大于 20mm×30mm；
　　b) 条面或顶面上裂纹宽度大于 1mm，其长度超过 70mm；
　　c) 压陷、焦花、粘底在条面或顶面上的凹陷或凸出超过 2mm，区域最大投影尺寸同时大于 20mm×30mm。

强度等级 (MPa)　　　　　　　　　　　表 3-17

强度等级	抗压强度平均值 $f \geqslant$	强度标准值 $f_k \geqslant$
MU30	30.0	22.0
MU25	25.0	18.0
MU20	20.0	14.0
MU15	15.0	10.0
MU10	10.0	6.5

3. 烧结空心砖和空心砌块

(1) 有关标准

1)《砌体结构设计规范》(GB 50003—2011);

2)《砌体结构工程施工质量验收规范》(GB 50203—2011);

3)《烧结空心砖和空心砌块》(GB/T 13545—2014);

4)《砌墙砖试验方法》(GB/T 2542—2012);

5)《砌墙砖检验规则》(JC/T 466—1996)。

(2) 抽样批量

每3.5～15万块为一检验批,不足3.5万块按一批计。外观质量按随机抽样法抽样,在每一检验批的产品堆垛中抽取50块,尺寸偏差和其他检验项目的样品用随机抽样法从外观质量检验后的样品中抽取,其中,尺寸偏差20块,强度等级10块,密度等级、孔洞排列及其结构、泛霜、石灰爆裂、冻融、吸水率和饱和系数分别为5块,放射性核素限量为3块。

(3) 检验项目

型式检验项目:《烧结空心砖和空心砌块》(GB/T 13545—2014)规定的全部项目。包括强度等级、尺寸偏差、孔洞排列及其结构、外观质量、冻融、泛霜、石灰爆裂、吸水率、饱和系数和放射性核素限量等。

现场复试项目:尺寸偏差、外观质量、强度等级。必要可检验其他项目。

(4) 表格填写

按表格要求填写,数据应真实,对判定结果由有关人员签字认可。

(5) 判定标准

对尺寸允许偏差、外观质量、强度等级进行判定,必要时,对抗风化性能、泛霜和石灰爆裂进行检查。每一批中有一项不合格,则判为不合格。

1) 尺寸允许偏差,见表3-18。

2) 外观质量,见表3-19。

尺寸允许偏差（mm） 表 3-18

尺寸	样本平均偏差	样本极差≤
>300	±3.0	7.0
200~300	±2.5	6.0
100~200	±2.0	5.0
<100	±1.7	4.0

外观质量（mm） 表 3-19

项 目		指标
1. 弯曲	不大于	4
2. 缺棱掉角的三个破坏尺寸	不得同时大于	30
3. 垂直度差	不大于	4
4. 未贯穿裂纹长度 ①大面上宽度方向及其延伸到条面的长度 ②大面上长度方向或条面上水平面方向的长度	不大于 不大于	100 120
5. 贯穿裂纹长度 ①大面上宽度方向及其延伸到条面的长度 ②壁、肋沿长度方向、宽度方向及其水平方向的长度	不大于 不大于	40 40
6. 肋、壁内线缺长度	不大于	40
7. 完整面[a]	不少于	一条面或一大面

[a] 凡有下列缺陷之一者，不能称为完整面：
① 缺损在大面、条面上造成的破坏尺寸同时大于 20mm×30mm；
② 大面、条面上裂纹宽度大于 1mm，其长度超过 70mm；
③ 压陷、粘底、焦花在大面、条面上的凹陷或凸出超过 2mm，区域尺寸同时大于 20mm×30mm。

3）强度等级，见表 3-20。

强度等级（MPa） 表 3-20

强度等级	抗压强度（MPa）		
	抗压强度平均值 $\bar{f}\geqslant$	变异系数 $\delta\leqslant 0.21$ 强度标准值 $f_k\geqslant$	变异系数 $\delta>0.21$ 单块最小抗压强度值 $f_{min}\geqslant$
MU10.0	10.0	7.0	8.0
MU7.5	7.5	5.0	5.8

续表

强度等级	抗压强度（MPa）		
	抗压强度平均值 $\overline{f}\geqslant$	变异系数 $\delta\leqslant0.21$ 强度标准值 $f_k\geqslant$	变异系数 $\delta>0.21$ 单块最小抗压强度值 $f_{min}\geqslant$
MU5.0	5.0	3.5	4.0
MU3.5	3.5	2.5	2.8

4）密度等级，见表 3-21

密度等级（kg/m³）　　　　　表 3-21

额度等级	五块体积密度平均值
800	≤800
900	801～900
1000	901～1000
1100	1001～1100

4. 混凝土普通砖

(1) 有关标准

1)《砌体结构设计规范》（GB 50003—2011）；

2)《砌体结构工程施工质量验收规范》（GB 50203—2011）；

3)《混凝土普通砖和装饰砖》（NY/T 671—2003）；

4)《砌墙砖试验方法》（GB/T 2542—2012）；

5)《砌墙砖检验规则》（JC/T 466—1996）。

(2) 抽样批量

每 3.5～15 万块为一检验批，不足 3.5 万块按一批计。外观质量按随机抽样法抽样，在每一检验批的产品堆垛中抽取 50 块，尺寸偏差和其他检验项目的样品用随机抽样法从外观质量检验后的样品中抽取，其中，尺寸偏差 20 块、颜色 36 块、强度等级 10 块、吸水率 5 块、冻融 5 块、体积密度 3 块。

(3) 检验项目

垂式检验项目：《混凝土普通砖和装饰砖》(NY/T671—2003) 规定的全部项目。包括抗压强度、外观质量、尺寸偏差、干燥收缩、抗冻性、密度、颜色、吸水率等。

现场复试项目：抗压强度，必要可检验其他项目。

（4）表格填写

按表格要求填写，数据应真实，对判定结果由有关人员签字认可。

（5）判定标准

对强度等级进行判定，必要时，也要检验尺寸允许偏差、外观质量、体积密度、体积密谋、吸水率和冻融等。

对强度等级、尺寸偏差、外观质量、吸水率按最低质量等级判定。其吸引一项检验不合格，则判定该产品质量不合格。

1) 尺寸允许偏差，见表 3-22。

尺寸允许偏差（mm） 表 3-22

公称尺寸	优等品		一等品		合格品	
	样本平均偏差	样本极差≤	样本平均偏差	样本极差≤	样本平均偏差	样本极差≤
240	±2.0	7	±2.5	7	±3.0	8
115	±1.5	5	±2.0	6	±2.5	7
53	±1.5	4	±1.6	5	±2.0	6

2) 外观质量，见表 3-23。

外观质量（mm） 表 3-23

项　目	优等品	一等品	合格品
两条面高度差不大于	2	3	4
缺棱掉角的三个破坏尺寸不得同时大于	10	20	30
裂纹长度不大于	20	30	40
完整面不得少于	一条面和一顶面	一条面和一顶面	一条面或一顶面

3) 强度等级，见表 3-24。

强度等级（MPa） 表 3-24

用途	强度等级	抗压强度平均值 $\overline{F}\geqslant$	变异系数 $\delta\leqslant 0.21$ 强度标准值 $f_k\geqslant$	$\delta>0.21$ 单块最小抗压强度 $f_{mm}\geqslant$
承重	MU30	30.0	22.0	25.0
	MU25	25.0	18.0	22.0
	MU20	20.0	14.0	16.0
	MU15	15.0	10.0	12.0
	MU10	10.0	6.5	7.5
非承重	MU7.5	7.5	5.0	5.8
	MU5.0	5.0	3.5	4.0
	MU3.5	3.5	2.5	2.8

5. 混凝土多孔砖

（1）有关标准

1)《砌体结构设计规范》（GB 50003—2011）；

2)《砌体结构工程施工质量验收规范》（GB 50203—2011）；

3)《承重混凝土多孔砖》（GB 25779—2010）；

4)《砌墙砖试验方法》（GB/T 2542—2012）；

5)《砌墙砖检验规则》（JC/T 466—1996）。

（2）抽样批量

同一种原材料配制成，同一工艺生产的相同外观质量等级、强度等级的 35~15 万块混凝土多孔砖为一批，不足 3.5 万块按一批计，每批随机抽取 50 块做尺寸偏差和外观质量检验。从尺寸偏差和外观质量检验合格的混凝土多孔砖中抽取 10 块做强度等级，抗冻性和软化系数各 20 块，碳化系数 22 块，孔洞率、最小外壁和最小肋厚、最大吸水率和相对含水率、线性干燥收缩率和放射性各 3 块。

（3）检验项目

型式检验项目为：《承重混凝土多孔砖》（GB 25779—2010）

规定的全部要求。包括尺寸偏差、外观质量、强度等级、孔洞率、最大吸水率、线性干燥收缩率和相对含水率、抗冻性、碳化系数、软化系数、放射性等。

现场复试项目：强度等级。必要时检验尺寸偏差、外观质量、相对含水率等。

（4）表格填写

按表格要求逐项填写，数据应真实，对判定结果由有关人员签字认可。

（5）判定标准

对强度等级及尺寸偏差、外观质量、相对含水率进行判定。当50块试件中，尺寸偏差、外观质量不符合标准最多不超过7块时，则判该批混凝土多孔砖符合相应等级。当所有项目的检验结果均符合标准规定时，则判该批砖为相应等级。

1）尺寸允许偏差，见表3-25。

尺寸允许偏差（mm）　　　　表3-25

项目名称	技术指标
长度	+2，-1
宽度	+2，-1
高度	±2

2）外观质量，见表3-26。

外观质量（mm）　　　　表3-26

项目名称		技术指标
弯曲		≤1
缺棱掉角	个数（个）	≤2
	三个方向投影尺寸的最大值	≤15
裂纹延伸的投影尺寸累计		≤20

3）强度等级，见表3-27。

4）相对含水率，见表3-28。

6. 混凝土小型砌块

（1）有关标准

强度等级（MPa） 表3-27

强度等级	抗压强度	
	平均值不小于	单块最小值不小于
MU15	15.0	12.0
MU20	20.0	16.0
MU25	25.0	20.0

相对含水率（%） 表3-28

线性干燥收缩率	相对含水率		
	潮湿	中等	干燥
≤0.045	≤40	≤35	≤30

注：使用地区的湿度条件：
　　潮湿——指年平均相对湿度大于75%的地区；
　　中等——指年平均相对湿度50%~75%的地区；
　　干燥——指年平均相对湿度小于50%的地区。

1)《砌体结构设计规范》(GB 50003—2011)；
2)《砌体结构工程施工质量验收规范》(GB 50203—2011)；
3)《普通混凝土小型砌块》(GB/T 8239—2014)；
4)《砌墙砖试验方法》(GB/T 2542—2012)；
5)《砌墙砖检验规则》(JC/T 466—1996)。

（2）抽样批量

同一种原材料配制成相同外观质量等级、强度等级和同一工艺生产的1万块砌块为一批，每月生产的块数不足1万的按一批计，每批随机抽取32块做尺寸偏差和外观质量检验。从尺寸偏差和外观质量检验合格的砌块中抽取做其他项目，强度等级10块，抗冻性20块，碳化系数22块，软化系数20块，空心率、外壁和肋厚、吸水率、线性干燥收缩值和放射性核素限量各3块。

（3）检验项目

型式检验项目为：《普通混凝土小型砌块》GB/T 8239—2014规定的全部项目。包括尺寸偏差、外观质量、强度等级、外壁和肋厚、吸水率、抗渗性、抗冻性、空心率、线性干燥收缩、碳化系数、放射性核素等。

现场复试项目：抗压强度。必要时可检验尺寸偏差、外观质量、相对含水率项目等。

（4）表格填写

按表格要求逐项填写，数据应真实，对判定结果由有关人员签字认可。

（5）判定标准

受检32块砌块中，尺寸偏差、外观质量不合格数不超过7块时，判该批试块符合相应等级；当所有项目的检验结果均符合规范各项技术要求时，则判该砌块为相应等级。

1）强度等级，见表3-29。

强度等级（MPa） 表3-29

强度等级	抗压强度	
	平均值≥	单块最小值≥
MU5.0	5.0	4.0
MU7.5	7.5	6.0
MU0	10.0	8.0
MU15	15.0	12.0
MU20	20.0	16.0
MU25	25.0	20.0
MU30	30.0	24.0
MU35	35.0	28.0
MU40	40.0	32.0

2）尺寸允许偏差，见表3-30。

尺寸允许偏差（mm） 表3-30

项目名称	技术指标
长度	±2
宽度	±2
高度	+3、-2

注：免浆砌块的尺寸允许偏差，应由企业根据块型特点自行给出。尺寸偏差不应影响垒砌和墙片性能。

3）外观质量，见表3-31。

外观质量 表3-31

项目名称		技术指标
弯曲	不大于	2mm
缺棱掉角	个数 不超过	1个
	三个方向投影尺寸的最大值 不大于	20mm
裂纹延伸的投影尺寸累计	不大于	30mm

3.1.8 防水材料

1. 建筑防水涂料

（1）有关标准

1)《建筑防水涂料试验方法》(GB/T 16777—2008)。

2)《水乳型沥青防水涂料》(JC/T 408—2005)。

3)《聚氨酯防水涂料》(GB/T 19250—2013)。

4)《溶剂型橡胶沥青防水涂料》(JC/T 852—1999)。

5)《聚合物乳液建筑防水涂料》(JC/T 864—2008)。

6)《聚合物水泥防水涂料》(GB/T 23445—2009)。

7)《硫化橡胶或热塑性橡胶拉伸应力应变性能的测定》(GB/T 528—2009)。

（2）抽样批量

以同一类型、同一规格15t为一检验批，不足15t也作一检验批，取3kg或5kg为一样品进行检验。

（3）检验项目

固体含量、拉伸强度（无处理、加热处理后保持率、碱处理保持率、紫外线处理后保持率）、断裂伸长率（无处理、加热处理、碱处理、紫外线处理）、低温柔性、不透水性，有的涂料还需检测耐热度、抗渗性、湿基面粘结度、抗渗压力等。

（4）表格填写

按表格要求逐项填写，数据应真实，对判定结果有关人员签字认可。

（5）判定标准

各项技术性能项目达到设计及有关要求的标准,则判定该检验批合格。表 3-32 是有关产品标准对有关技术性能的规定,供选择和判定时参考。

固体含量、拉伸强度、断裂伸长率、低温柔性、不透水性表

表 3-32

名称	级别	固体含量(%)	拉伸强度	断裂伸长窄	低温柔性	不透水性
JS涂料	Ⅰ Ⅱ	65	1.2 1.8	200 80	－10℃绕φ10mm轴无裂纹 —	0.3MPa, 30min
PU涂料 (单组分)	Ⅰ Ⅲ	80	1.9 2.45	550 450	－40℃温度下用弯折仪检测	0.3MPa, 30min
PU涂料 (多组分)	Ⅰ Ⅱ	92 —	1.9 2.45	450 450	－35℃温度下用弯折仪检测	0.3MPa, 30min

2. 防水卷材

(包括各种高聚物改性沥青防水卷材)

(1) 有关标准

1)《建筑防水卷材试验方法》(GB/T 328.1—2007);

2)《弹性体改性沥青防水卷材》(GB 18242—2008);

3)《塑性体改性沥青防水卷材》(GB 18243—2008)。

(2) 抽样批量

以同一类型、同一规格 10000m² 为一检验批,不足 10000m² 时也作为一批,在每批产品中随机抽取 5 卷进行每卷重量、面积、厚度和外观检查,在抽取 5 卷中随机抽取 1 卷进行物理力学性能试验。

(3) 检验项目

型式检验包括技术要求中规定的所有检验项目。包括卷重、面积、厚度、外观、不透水性、耐热度、拉力、最大拉立时延伸率、低温柔度、热老化保持率、加热收缩率等。

复试检验项目:不透水性、耐热度、拉力、延伸率、低温柔度、拉伸强度等。

（4）表格填写

按表格要求逐项填写，数据应真实，对判定结果有关人员签字认可。

（5）判定标准

不透水性、耐热度、拉力、延伸率、低温柔度、拉伸强度各项技术性能达到设计有关标准的要求，则判该检验批合格。表3-33、表3-34是有关防水卷材主要物理力学指标的规定，供选择和判定时参考。

弹性体改性沥青防水卷材物理力学性能指标　　表 3-33

序号	项目			指标				
				I		II		
				PY	G	PY	G	PYG
1	可溶物含量(g/m²) ≥		3mm	2100				—
			4mm	2900				—
			5mm	3500				
2	耐热性		℃	90		105		
			≤mm	2				
			试验现象	无流淌、滴落				
3	低温柔性(℃)			−20		−25		
				无裂缝				
4	不透水性　30min			0.3MPa	0.2MPa	0.3MPa		
5	拉力	最大峰拉力(N/50mm) ≥		500	350	800	500	900
		试验						
6	延伸率	最大峰时延伸率/(%) ≥		30		40		
		第二峰时延伸率/(%) ≥		—				15
7	渗水厚质量增加/% ≤	PE、S		1				
		M		2				

续表

序号	项目		指标				
			Ⅰ		Ⅱ		
			PY	G	PY	G	PYG
8	热老化	拉力保持率(%)≥	90				
		延伸保持率(%)≥	80				
		低温柔性(℃)	−15		−20		
			无裂纹				
		尺寸变化率(%)≤	0.7	0.7	—	0.3	
		质量损失(%)≤	1.0				
9	渗油量 张数≤		2				
10	接缝剥离强度(N/mm)≥		1.5				
11	钉杆撕裂强度[a](N)		—				300
12	矿物颗粒粘附性[b](g)≤		2				
13	卷材下表面沥青涂盖层厚度[c](mm)≥		1				
14	人工气候加速老化	外观	无滑动、流淌、滴落				
		拉力保持率(%)≥	80				
		低温柔性(℃)	−15		−20		
			无裂缝				

[a] 仅适用于单层机械固定施工方式卷材。
[b] 仅适用于矿物颗粒表面的卷材。
[c] 仅适用于热熔施工的卷材。

塑性体改性沥青防水卷材物理力学性能指标　　表 3-34

序号	项目		指标 I PY	I G	II PY	II G	II PYG
1	可溶物含量(g/m²) ≥	3mm	2100		—		—
		4mm	2900		—		—
		5mm	3500				
		试验现象	—	胎基不燃	—	胎基不燃	
2	耐热性	℃	110		130		
		≤mm	2				
		试验现象	无流淌、滴落				
3	低温柔性(℃)		−7		−15		
			无裂缝				
4	不透水性 30min		0.3MPa	0.2MPa	0.3MPa		
5	拉力	最大峰拉力(N/50mm) ≥	500	350	800	500	900
		最高峰拉力(N/50mm) ≥					800
		试验现象	拉伸过程中,试件中部无沥青涂盖层开裂或与胎基分离现象				
6	延伸率	最大峰时延伸率(%) ≥	25	—	40	—	
		第二峰时延伸率(%) ≥	—	—			15
7	渗水后质量增加(%) ≤	PE、S	1.0				
		M	2.0				
8	热老化	拉力保持率(%) ≥	90				
		延伸率保持率(%) ≥	80				
		低温柔性/(℃)	−2		−10		
			无裂纹				
		尺寸变化率(%) ≤	0.7	—	0.7	—	0.3
		质量损失(%) ≤	1.0				
9	接缝剥离强度(N/mm) ≥		1.0				

续表

序号	项目	指标 Ⅰ		指标 Ⅱ		
		PY	G	PY	G	PYG
10	钉杆撕裂强度[a](N) ≥	—				300
11	矿物粒料粘附性[b](g) ≤	2.0				
12	卷材下表面沥青涂盖层厚度[c](mm) ≥	1.0				
13	人工气候加速老化	外观	无滑动、流淌、滴落			
		拉力保持率(%) ≥	80			
		低温柔性/℃	-2		-10	
			无裂缝			

[a] 仅适用于单层机械固定施工方式卷材。
[b] 仅适用于矿物粒料表面的卷材。
[c] 仅适用于热熔施工的卷材。

3. 高分子防水材料

（包括建筑防水工程的各种高分子防水卷材）

（1）有关标准

1)《硫化橡胶或热塑性橡胶拉伸应力应变性能的测定》(GB/T 528—2009)；

2) 硫化橡胶或热塑性橡胶 热空气加速老化和耐热试验(GB/T 3512—2014)；

3)《硫化橡胶或热塑性橡胶耐臭氧龟裂 静态拉伸试验》(GB/T 7762—2014)；

4)《硫化橡胶或热塑性橡胶耐候性》(GB/T 3511—2008)；

5)《聚氯乙烯（PVC）防水卷材》(GB/T 12952—2011)；

6)《氯化聚乙烯防水卷材》(GB/T 12953—2003)；

7)《高分子防水材料》(GB/T 18173.1～4)。

（2）抽样批量

以同品种、同规格的 500m² 片材（如日产量超过

8000m²）为一批，随机抽取 3 卷材料进行尺寸和外观质量检验；在上述检验合格的样品中再随机抽取足够的试样进行物理性能检验。

(3) 检验项目

1) 型式检验项目：断裂拉伸强度、拉断伸长等（撕裂强度）、不透水性、低温弯折、加热伸缩量、耐碱性、臭氧老化、人工老化、粘合性能等。

2) 复试检验项目：断裂拉伸强度、拉断伸长率、不透水性、低温弯折等。

(4) 表格填写

按表格要求逐项填写，数据应真实，对判定结果由有关人员签字认可。

(5) 判定标准

复试检验项目各项物理性能均达到设计要求及有关标准规定，判定该检验批合格。表 3-35～表 3-37 是有关主要物理性能指标的规定，供选择和判定时参考。

高分子片材物理性能指标　　表 3-35

常温	断裂拉伸强度（MPa）	拉断伸长率（％）	不透水性 30min（MPa）	低温弯折（℃）
JL1	7.5	450	0.3	−40
JL2	6.0	400	0.3	−30
JL3	6.0	300	0.2	−30
JL4	2.2	200	0.2	−20
JF1	4.0	450	0.3	−30
JF2	3.0	200	0.2	−20
JF3	5.0	200	0.2	−20
JS1	10	200	0.3	−20
JS2	16	550	0.3	−35
JS3	14	500	0.3	−35
FL	80	300	0.3	−35
FF	60	250	0.3	−20
FS1	100	150	0.3	−30
FS2	60	400	0.3	−20

高分子片材物理性能指标　　　　　表 3-36

序号	项　目	N 类		L 类及 W 类	
		Ⅰ型	Ⅱ型	Ⅰ型	Ⅱ型
1	拉伸强度(MPa)、(N/cm) ≥	8.0	12.0	(N/cm)100	160
2	断裂伸长率(%) ≥	200	250	150	200
3	低温弯折性	−20℃无裂纹	−25℃无裂纹	−20℃无裂纹	−25℃无裂纹
4	不透水性	不透水		不透水	

高分子片材物理性能指标　　　　　表 3-37

序号	项　目	N 类		L 类及 W 类	
		Ⅰ型	Ⅱ型	Ⅰ型	Ⅱ型
1	拉伸强度(MPa)、(N/cm) ≥	5.0	8.0	70(N/cm)	120
2	断裂伸长率(%) ≥	200	300	125	250
3	低温弯折性	−20℃无裂纹	−25℃无裂纹	−20℃无裂纹	−25℃无裂纹
4	不透水性	不透水		不透水	

3.2　施工过程试验

3.2.1　钢筋连接

1. 有关标准

（1）《钢筋焊接及验收规程》(JGJ 18—2012)；

（2）《钢筋焊接接头试验方法》(JGJ/T 27—2014)；

（3）《钢筋机械连接技术规程（附条文说明）》(JGJ 107—2010)。

2. 钢筋焊接连接

（1）钢筋焊接连接方法

钢筋的焊接一般有电阻点焊、闪光对焊、电弧焊、电渣压力焊、埋弧压力焊和气压焊六种焊接方法。其中电弧焊又分为帮条焊、搭接焊、熔槽帮条焊、坡口焊、钢筋与钢板搭接焊和预埋件T形接头电弧焊（贴角焊和穿孔塞焊）等焊接方法。

（2）钢筋焊接前的注意事项

工程中每批钢筋正式焊接之前，必须进行现场条件下钢筋焊接性能试验。钢筋电阻点焊、闪光对焊、电渣压力焊及埋弧压力焊，焊前应试焊两个接头，经外观检查合格后，方可按选定的焊接参数进行生产。检查应做预检记录存档。

(3) 钢筋焊接前的准备工作

进口钢筋、小厂钢筋和与预制阳台、外挂板外留筋焊接的钢筋应在现场焊接前，先按同品种、同规格和同批量做可焊性试验。可焊性试验的资料包括有：

1) 钢筋试焊外观预检记录；

2) 试件焊接试验报告；

3) 预制阳台及外挂板等在现场有焊接要求的预制混凝土构件，构件厂应提供钢筋可焊性试验记录。

可焊性试验试件不得少于每项试验 1 组。做可焊性试验前，应检查钢筋是否有原材料合格证明和机械性能试验报告，进口钢筋还要有化学分析报告。

(4) 焊接试验的必试项目

按焊接种类划分：

1) 点焊（焊接骨架和焊接网片）：抗剪试验、抗拉试验。

2) 闪光对焊：抗拉试验、冷弯试验。

3) 电弧焊接头：抗拉试验。

4) 电渣压力焊：抗拉试验。

5) 预埋件 T 形接头、埋弧压力焊：抗拉试验。

6) 钢筋气压焊：抗拉试验，冷弯试验。

(5) 焊接钢筋试件的取样方法和数量

焊接钢筋试验的试件应分班前焊试件和班中焊试件，班前焊试件是用于焊工正式焊接前的考核和焊接参数的确定。班中焊试件是用于对成品质量的检验。

班前焊试件制作，在焊接前，按同一焊工，同钢筋级别、规格，同焊接形式取模拟试件 1 组。试验项目按班中焊要求。中焊试件的取样方法和数量按焊接种类分别叙述：

1) 点焊（焊接骨架和焊接网片）

① 凡钢筋级别、规格、尺寸均相同的焊接制口，即为同一类型制品。同一类型制品，每200件为一验收批。

② 热轧钢筋点焊，每批取1组试件（3个）做抗剪试验。

③ 冷拔低碳钢丝点焊，每批取2组试件（每组3个），其中一组做抗剪试验，另一组对较小直径钢丝做拉伸试验。

④ 取样方法：

A. 试件应从每批发成品中切取；

B. 试件应从外观检查合格的成品中切取。

2) 钢筋闪光对焊接头

钢筋加工单位：同一工作班内，同一焊工，同一钢筋级别规格，同一焊接参数，每200个接头为一验收批。

3) 取样方法：

A. 试件应从每批成品中切取；

B. 对于装配结构，节点的钢筋焊接接头，可按生产条件制作模拟试件；

C. 模拟试验结果不符合要求时，复验应从成品中切取试件，其数量与初试时相同。

4) 钢筋电渣压力焊

① 在一般构筑物中，同钢筋级别、同规格的同类型接头每300个接头为一验收批。不足300个接头时，按一批计。

② 在现浇钢筋混凝土框架结构中，每一楼层的同一钢筋级别、同一规格的同类型接头，每300个接头为一验收批。不足300个接头时，按一批计。

③ 每一验批取试样1组（3个试件）进行拉力试验。

④ 取样方法：

A. 试件应从每批成品中切取，不得做模拟试件；

B. 若试验结果不符合要求时，应取双倍数量的试件进行复试。

5) 预埋件钢筋T形接头埋弧压力焊

① 同一工作班以每300件同类型产品为一验收批，不足300

件时，按一批统计。

② 1周内连续焊接时，可以累计计算，每300件同类型产品为一验收批。不足300件时，按一批计。

③ 每一验收批取试样1组（3个试件）进行拉力试验。

④ 取样方法：

A. 试件应从每批成品中切取；

B. 若从成品中取的试件尺寸过小，不能满足试验要求时，可按生产条件制作模拟试件；

C. 试验结果不符合要求时，应取双倍数量的试件进行复验。

6) 钢筋气压焊

① 工艺试验：在正式焊接生产前，采用与生产相同的钢筋，在现场条件下，进行钢筋焊接工艺性能试验，经试验合格，才允许正式生产。

检验方法为每批钢筋取6根试件，3根作拉伸试验，3根作弯曲试验，试验方法和要求与质量验收相同。

② 外观检查：

A. 镦粗区最大直径为$1.4 \sim 1.6d$，变形长度为$1.2 \sim 1.5d$；

B. 压焊区两钢筋轴线的相对偏心量小于$0.15d$，同时不大于4mm；

C. 接头处钢筋轴线的曲折角不大于$4°$；

D. 镦粗区最大直径处与压焊面偏移要小于$0.2d$；

E. 压焊区表面不得有严重烧伤，纵向裂纹不得大于3mm；

F. 压焊区表面不能有横向裂纹。

外观检查全部接头，首先由焊工自己负责进行，后由抽检人员进行检查，发现不符合质量要求的，要校正或割去后重新焊接。

③ 强度检验：

A. 接头拉伸试验结果，强度应达到该钢筋等级的规定数值；全部试件断于压焊面之外，并呈塑性断裂；

B. 冷弯试验，试件受压面的凸起部分应除去，与钢筋外表面齐平，弯至$90°$，试件不得在压焊面发生破断或出现宽度大于

0.5mm 的裂纹。

检验方法为以 200 个接头为 1 批，不足 200 个接头的仍为一批，每批接头切取 6 个试件做强度、冷弯试验，强度试验结果若有 1 个试件不符合要求，应取两倍试样，进行复验，若仍有 1 个试件不合格，则该批接头判为不合格品。

钢筋焊接试验报告，见表 3-38。

钢筋焊接试验报告　　　　　表 3-38

试验编号：

委托单位：　　　　　　委托试样编号：

工程名称及部位：

试件种类：　　　　钢材种类：　　　　试验项目：

焊接操作人：　　　焊条型号：　　　　试件代表数量：

送样日期：　　　　试验委托人：

一、力学试验

试样编号	规格	面积 (mm²)	屈服点 (N/mm²)	极限强度 (N/mm²)	伸长率 (％)	断口位置及判定	冷弯			备注
							弯芯直径	角度	评定	

二、化学试验　　　　　　　试验编号：

编号	碳	硫	磷	锰	硅

三、试验结论

负责人：　　　审核：　　　计算：　　　试验：

报告日期：　年　月　日

钢筋焊接试验报告中，上部分内容应由施工生产单位按实际情况填写齐全，不要有空缺项。其余部分由试验室填写。

填表时，试件种类要写具体，如双面搭接电弧焊，不能只填电弧焊；钢材种类，填钢筋的品种和规格，钢筋的符号要写正确（HPB235、HRB335、HRB400、HRB500）。

试验项目按规范规定填写，填写焊接试验报告单时，试验项目要写拉伸、冷弯。

7) 钢筋焊接试验评定标准

① 电阻点焊：焊点的抗剪试验结果，应符合表3-39规定的数值。拉伸试验结果，应不低于冷拔低碳钢丝乙级的规定数值，见表3-40。

钢筋焊点抗剪力指标（kN）　　　　　　　　　　　表3-39

项次	钢筋级别	较小一根钢筋直径(mm)							
		3	4	5	6	6.5	8	10	12	14
1	HPB235				6.8	8.0	12.1	18.8	27.1	36.9
2	HRB335						17.1	26.7	38.5	52.3
3	冷拔低碳钢丝	2.5	4.5	7.0						

冷拔低碳钢丝的机械性能　　　　　　　　　　　表3-40

项次	钢丝级别	直径(mm)	抗拉强度(MPa)		伸长率(%)	反复弯曲180°的次数
			Ⅰ组	Ⅱ组		
			不小于			
1	甲级	4	650	600	3	4
2		5	700	650	2.5	4
3	乙级	3~5	550		2	4

试验结果，如有1个试件达不到上述要求，则取双倍数量的试件进行复验。复验结果，若仍有1个试件不能达到上述要求，则该批制品即为不合格。对于不合格品，经采取加固处理后，可提交二次验收。

② 闪光对焊：钢筋对焊接头拉伸试验时，应符合下列要求：

A. 3个试件的抗拉强度均不得低于该级别钢筋的规定抗拉强度值。

B. 至少有 2 个试件断于焊缝之外,并呈塑性断裂。

当试验结果有 1 个试件的抗拉强度低于规定指标,或有 2 个试件（≥50%）在焊缝或热影响区发生脆性断裂时,应取双倍数量的试件进行复验,复验结果,若仍有 1 个试件的抗拉强度低于规定指标,或有 2 个试件（≥50%）呈脆性断裂,则该批接头即为不合格品。

模拟试件的试验结果不符合要求时,复验应从成品中切取试件,其数量和要求与初试时相同。

预应力钢筋与螺丝端杆对焊接头只做拉伸试验,但要求全部试件断于焊缝之外,并呈塑性断裂。

钢筋闪光对焊接头弯曲试验时,应将受压面的金属毛刺和镦粗变形部分去除,与母材的外表齐平。

弯曲试验可在万能材料试验机或其他弯曲机上进行,焊缝应处于弯曲的中心点,弯曲直径见表 3-41。弯曲至 90°时,接头外侧不得出现宽度大于 0.15mm 的横向裂纹。

弯曲试验结果如有 2 个试件未达到上述要求,应取双倍数量的试件进行复验,复验结果若有 3 个试件不符合要求,该批接头即为不合格品。

钢筋对焊接头弯曲试验指标　　　　表 3-41

项次	钢筋级别	弯芯直径(mm)	弯曲角(°)
1	HPB235 级	2d	90
2	HRB335 级	4d	90
3	HRB400 级	5d	90
4	HRB500 级	7d	90
5	50/75kg 级	6d	90

注：1. d 为钢筋直径,单位 mm。
　　2. 直径大于 25mm 的钢筋对焊接头,做弯曲试验时弯芯直径应增加一个钢筋直径。

③ 电弧焊：钢筋电弧焊接头拉伸试验结果应符合下列要求：

A. 3 个试件的抗拉强度均不得低于该级别钢筋的规定抗拉强度值。

B. 至少有2个试件（50≥%）呈塑性断裂。

当检验结果有1个试件的抗拉强度低于规定指标，或有2个试件（≥50%）发生脆性断裂时，应取双倍数量的试件进行复验。复验结果若仍有1个试件的抗拉强度低于规定指标，或有3个试件（≥50%）呈脆性断裂时，则该批接头即为不合格品。

模拟试件的数量和要求与从成品中切取相同。当模拟试件结果不符合要求时，复验应从成品中切取试件，其数量与初试时相同。

C. 电渣压力焊：3个试件均不得低于该级别钢筋规定抗拉强度值，并至少有2个试件，（≥50%）断于焊缝之外；呈塑性断裂。

D. 预埋件电弧焊和预埋件电渣压力焊：3个试件均不得低于该级别钢筋规定抗拉强度值。

E. 钢结构焊接：承受拉力或压力且要求与母材等强度的焊缝，必须经超声波或X射线探伤检验。

承受拉力且要求与母村等强度的焊缝为一级焊缝，应全部做超声波检查，并做X射线抽查检验，抽查焊缝长度的2%至少应有一张底片。若缺陷超标，应加倍透照，如不合格应全部透照。

承受压力且要求与母材等强度的焊缝为二级焊缝，应抽焊缝长度的50%做超声波检验。有疑点时，用X射线透照复验，如发现有超标缺陷，应用超声波全部检验。

3. 钢筋机械连接

（1）接头性能等级、性能指标与适用范围

1）接头性能等级

接头就根据静力单向拉伸性能以及高应力和大变形条件下反复拉、压性能的差异，分下列三个性能等级：

① A级接头抗拉强度达到或超过母材抗拉强度标准值，并具有高延性及反复拉压性能。

② B级接头抗拉强度达到或超过母材屈服强度标准值的1.35倍，具有一定的延性及反复拉压性能。

③ C级接头仅能承受压力。

2）接头性能检验指标

A级、B级、C级的接头性能应符合表3-42的规定。

接头性能检验指标　　　　表3-42

等级		A级	B级	C级
单向拉伸	强度	$f_{mst}^0 \geq f_{tk}$	$f_{mst}^0 \geq 1.35 f_{tk}$	单向受压 $f_{mst}^{0'} \geq f_{yk}^0$
	割线模量	$E_{0.7} \geq E_S^0$ 且 $E_{0.9} \geq 0.9 E_S^0$	$E_{0.7} \geq 0.9 E_S^0$ 且 $E_{0.9} \geq 0.7 E_S^0$	—
	极限应变	$\varepsilon_u \geq 0.04$	$\varepsilon_u \geq 0.02$	—
	残余变形	$u \leq 0.3$mm	$u \leq 0.3$mm	—
高应力反复拉压	强度	$f_{mst}^0 \geq f_{tk}$	$f_{mst}^0 \geq 1.35 f_{yk}$	—
	割线模量	$E_{20} \geq 0.85 E_1$	$E_{20} \geq 0.5 E_1$	—
	残余变形	$u_{20} \leq 0.3$mm	$u_{20} \leq 0.3$mm	—
大变形反复拉压	强度	$f_{mst}^0 \geq f_{tk}$	$f_{mst}^0 \geq 1.35 f_{yk}$	—
	残余变形	$u_4 \leq 0.3$mm 且 $u_8 \leq 0.6$mm	$u_4 \leq 0.6$mm	—

注：f_{mst}^0——机械连接接头抗压强度实测值；

　　$f_{mst}^{0'}$——机械连接接头抗压强度实测值；

　　$E_{0.7}$——接头在0.7倍钢筋屈服强度标准值下的割线模量；

　　$E_{0.9}$——接头在0.9倍钢筋屈服强度标准值下的割线模量；

　　E_S^0——钢筋弹性模量实测值；

　　ε_u'——受拉接头试件极限应变；

　　u——接头单向拉伸的残余变形；

　　u_4——接头反复拉压4次后的残余变形；

　　u_8——接头反复拉压8次后的残余变形；

　　u_{20}——接头反复拉压20次后的残余变形；

　　E_1——接头在第1次加载至0.9倍钢筋屈服强度标准值时的割线模量；

　　E_{20}——接头在第20次加载至0.9倍钢筋屈服强度标准值时的割线模量；

　　f_{tk}——钢筋抗拉强度标准值；

　　f_{yk}——钢筋屈服强度标准值；

　　f_{yk}'——钢筋抗压屈服强度标准值。

3）接头适用范围

① 混凝土结构中要求充分发挥钢筋强度或对接头延性要求

较高的部位，应采用 A 级接头；

② 混凝土结构中钢筋受力小或对接头延性要求不高的部位，可采用 B 级接头；

③ 非抗震设防和不承受动力荷载的混凝土结构中钢筋只承受压力的部位，可采用 C 级接头。

（2）钢筋锥螺纹接头

1）一般规定

同一构件内同一截面受力钢筋的接头位置应相互错开。在任一接头中心至长度为钢筋直径的 35 倍的区域范围内，有接头的受力钢筋截面积占受力钢筋总截面面积的百分率应符合下列规定：

① 受拉区的受力钢筋接头百分率不宜超过 50%。

② 在受拉区的钢筋受力较小时，A 级接头百分率不受限制。

③ 接头宜避开有抗震设防要求的框架梁端和柱端的箍筋加密区；当无法避开时，接头应采用 A 级接头，且接头百分率不应超过 50%。

④ 受力区和装配式构件中钢筋受力较小部位，A 级和 B 级接头百分率可不受限制。

⑤ 接头端头距钢筋弯曲点不得小于钢筋直径的 10 倍。

⑥ 不同直径钢筋连接时，一次连接钢筋直径规格不宜超过二级。

⑦ 钢筋连接套的混凝土保护层厚度除了要满足现行国家标准外，还必须满足其保护厚度不得小于 15mm，且连接套之间的横向净距不宜小于 25mm。

2）操作要点

① 操作工人必须持证上岗。

② 钢筋应先调直再下料。切口端面应与钢筋轴线垂直，不得有马蹄形或挠曲。不得用气割下料。

③ 加工的钢筋锥螺纹丝头的锥度、牙形、螺距等必须与连接套的锥度、牙形、螺距相一致，且经配套的量规检测合格。

④ 加工钢筋锥螺纹时,应采用水溶液作润滑液;当气温低于 0℃时,应掺入 15%～20%亚硝酸钠。不得用机油作润滑液或不加润滑液套丝。

⑤ 已检验合格的丝头应加以保护。

⑥ 连接钢筋时,钢筋规格和连接套的规格应一致,并确保钢筋和连接套的丝扣干净完好无损。

⑦ 采用预埋接头时,连接套的位置、规格和数量应符合设计要求。带连接套的钢筋应固定牢固,连接套的外露端应有密封盖。

⑧ 必须用精度为±5%的力矩扳手拧紧接头,且要求每半年用扭力仪检定力矩扳手一次。

⑨ 连接钢筋时,应对准轴线将钢筋拧入连接套,然后用力矩扳手拧紧。

⑩ 接头拧紧值应满足表 3-43 规定的力矩值,不得超拧。拧紧后的接头应作上标志。

接头拧紧力矩值　　　　　　　表 3-43

钢筋直径(mm)	16	18	20	22	25～28	32	36～40
拧紧力矩(N·m)	118	145	177	216	275	314	343

3) 钢筋锥螺纹接头拉伸试验

① 取样同一施工条件下的同一批材料的同等级、同规格接头,以 500 个为一个验收批,不足 500 个也作为一个验收批。每一验收批应在工程结构中随机截取 3 个试件作单向拉伸试验。

② 拉伸试验结果拉伸试验结果必须符合下列规定:

A. $f_{mst}^0 \leqslant f_{tk}$ 且 $f_{mst}^0 \geqslant 0.9 f_{st}^0$ 为 A 级接头;

B. $f_{mst}^0 \geqslant 1.35 f_{yk}$ 为 B 级接头。

注:f_{st}^0——钢筋母材抗拉强度实测值。

当有 1 个试件的强度不符合要求时,应再取 6 个试件进行复检。复检中如仍有 1 个试件结果不符合要求,则该验收批评为不合格。

4) 接头外观检查

① 抽样　随机抽取同规格接头数的 10%进行外观检查

② 要求：

A. 钢筋与连接套的规定一致；

B. 无完整接头丝扣外露。

(3) 带肋钢筋套筒挤压连接

1) 一般规定

① 同一构件内同一截面的挤压接头位置与要求同钢筋锥螺纹接头的要求相一致。

② 不同带肋直径的钢筋可采用挤压接头连接。当套筒两端外径和壁厚相同时，被连接钢筋的直径相差不应大于5mm。

③ 对直径承受动力荷载的结构，其接头应满足设计要求的抗疲劳性能。

当无专门要求时，对连接Ⅱ级钢筋的接头，其疲劳性能应能经受应力幅为 $100N/mm^2$，上限应力为 $180N/mm^2$ 的200万次循环加载。对连接Ⅲ级钢筋的接头，其疲劳性能应能经受应力幅为 $100N/mm^2$，上限应力为 $190N/mm^2$ 的200万次循环加载。

④ 挤压接头的混凝土保护层除了满足现行国家标准外，还要满足不得小于15mm的规定，且连接套筒之间的横向净距不宜小于25mm。

⑤ 当混凝土结构中挤压接头部位的温度低于－20℃时，宜进行专门的试验。

⑥ 对于Ⅰ、Ⅲ级带肋钢筋挤压接头所有套筒材料应选用造于压延加工的钢材，其实测力学性能应符合表3-44的要求。

套筒材料的力学性能 表3-44

项目	力学性能指标	项目	力学性能指标
屈服强度(N/mm^2)	225～350	硬度(HRB)或(HB)	60～80
抗拉强度(N/mm^2)	375～500		102～133
延伸率 δ_5(%)	≥20		

2) 操作要点

① 操作工人必须持证上岗。

② 挤压操作时采用的挤压力，压模宽度，压痕直径或挤压

后套筒长度的波动范围以及挤压道数,均应符合经型式检验确定的技术参数要求。

③ 挤压前应做以下准备工作:

A. 钢筋端头的锈皮、泥沙、油污等杂物应清理干净;

B. 应对套筒作外观尺寸检查;

C. 应对钢筋与套筒进行试套,如钢筋有马蹄,弯折或纵肋尺寸过大者,应预先矫正或用砂轮打磨;对不同直径钢筋的套筒不得相互串用;

D. 钢筋连接端应划出明显定位标记,确保在挤压时和挤压后可按定位标记检查钢筋伸入套筒内的长度;

E. 检查挤压设备情况,并进行试压,符合要求后方可作业。

④ 挤压操作应符合下列要求:

A. 应按标记检查钢筋插入套筒内深度,钢筋端头离套筒长度中点不宜超过 10mm;

B. 挤压时挤压机与钢筋轴线应保持垂直;

C. 挤压宜从套筒中央开始,并依次向两端挤压;

D. 宜先挤压一端套筒,在施工作业区插入待接钢筋后再挤压另一端套筒。

3) 带肋钢筋套筒挤压连接拉伸试验

① 取样:

同一施工条件下的同一批材料的同等级、同型式、同规格接头,以 500 个为一个验收批进行检验与验收,不足 500 个也作为一个验收批。每一验收批应在工程结构中随机截取 3 个试件作单向拉伸试验。

② 拉伸试验结果:

A. $f_{mst}^0 \leqslant f_{tk}$ 且 $f_{mst}^0 \geqslant 0.9 f_{st}^0$ 为 A 级接头;

B. $f_{mst}^0 \geqslant 1.35 f_{yk}$ 为 B 级接头。

如有一个试件的抗拉强度不符合要求,应再取 6 个试件进行复检。复检中如仍有一个试件检验结果不符合要求,则该验收批单向拉伸检验为不合格。

4）接头外观检查

① 抽样：

随机抽取同规格接头数的10%进行外观检查。

② 要求：

A. 外形尺寸挤压后套筒长度应为原套筒长度的1.10～1.15倍；或压痕处套筒的外径波动范围为原套筒外径的0.80～0.90倍；

B. 挤压接头的压痕道数应符合型式检验确定的道数；

C. 接头处弯折不得大于4度；

D. 挤压后的套筒不得有肉眼可见裂缝。

5）应具备的技术资料

① 工程中应用机械接头时，该技术提供单位应提供有效的型式检验报告；

② 连接套出厂合格证；

③ 机械连接接头拉伸试验报告；

④ 钢筋锥螺纹加工检验记录；

⑤ 钢筋锥螺纹接头质量检查记录；

⑥ 施工现场挤压接头外观检查记录。

3.2.2 地基及桩基过程试验

1. 地基承载力试验

地基承载力的试验方法，常用的有静力触探、动力触探、标准贯入、荷载试验等。

（1）有关标准

《建筑地基基础设计规范》（GB 50007—2011）。

（2）抽样批量

荷载试验在同一土层试验点不应少于3点。

（3）检验项目

1）对地基土层的承载力（浅层、深层）进行抽样检验和评价。

2）确定地基（浅层、深层）的承载力。

（4）表格填写

按表格要求逐项填写，数据应真实，判断结果由有关人员签名认可。

（5）判断标准

根据《建筑地基基础设计规范》（GB 50007—2011）附录C浅层、附录D深层进行试验，浅层平板荷载试验地基承载值，不应小于最大加载量的一半，参加统计的试验点不应少于3点，试验实测值的极限不超过平均值的30%时，取其平均值为土层的地基承载力特性值。

（6）检测报告除报告外还应包括的内容

1）加荷分级方案，荷载分级。

2）荷载～沉降（P～s）曲线。

3）终止加载的条件。

4）承载力判定依据。

（7）说明

1）检测单位依据委托合同的要求，对地基承载力试验的成果出具报告，由检测单位填写，经过检测单位的试验程序，出具的试验报告。报委托单位作为判定地基承载能力的依据。

2）质量检查员、项目技术负责人审查试验报告，主要核查检测单位资质（委托前已审查报验）是否到位，检测程序、检测依据、检测方法是否正确。重点是检测结果和承载力数据能否满足施工要求，是否达到设计要求和规范规定。

3）由项目技术负责人检查认可后，填写地基承载力报验申报表，报专业（总）监理工程师验收认可。

4）检测单位应据实填写，试验、审核、批准人签名负责，加盖单位章，对出具体的报告结果和数据负责。

2. 单桩竖向抗压静载检测

（1）有关标准

1）《建筑基桩检测技术规范》（JGJ 106—2014）；

2）《建筑桩基技术规范》（JGJ 94—2008）。

（2）抽样批量

抽检数量应满足设计要求，当设计未明确规定是，不应少于总桩数的1%，且不少于3根，当总桩数在50根以内时，不应少于2根。

（3）检验项目

1）对工程桩的承载力进行抽样检验和评价。

2）确定单桩竖向抗压极限承载力。

（4）表格填写

按表格要求逐次填写，数据应真实，判定结果由有关人员签字认可。

（5）判定标准

1）单桩竖向抗压极限载力的确定

应根据《建筑基桩检测技术规范》（JGJ106—2014）第4.4.3条和《建筑桩基技术规范》（JGJ 94—2008）第C.0.10条和第C.0.11条确定。

2）单桩竖向抗压极限承载力的确定

单位工程同一条件下的单桩竖向抗压承载力特征值R_a应按单桩竖向极限承载力统计值的一半取值。

（6）检测报告除报告外还应包括的内容

1）受检桩桩位对应地质柱状图。

2）受检桩及锚桩的尺寸、材料强度、锚桩数量、配筋情况。

3）加载种类、堆载法应说明堆载重量，锚桩法应有反梁布置平面图。

4）加卸载方法、荷载分级。

5）与承载力判定有关的曲线及数据表。

6）承载力判定依据。

7）当进行分层摩阻力测试时，还应说明仪器类型、计算方法、轴力变化蓝线等。

（7）检测单位应据实填写，试验、审核、批准人签名负责，加盖单位公章，对出具的报告结果和数据负责。

（8）说明

检测单位依据委托合同对单桩竖向抗压静载试验的成果出具报告,具体试验记录由检测单位填写,经过检测单位的试验程序,出具的试验报告,报委托单位据此来判定桩竖向抗压承载能力的依据。质量检查员、项目技术负责人审查后,填写报验申请表,报专业(总)监理工程师验收。

3. 单桩水平静载检测

(1) 有关标准

1)《建筑基桩检测技术规范》(JGJ 106—2014);

2)《建筑桩基技术规范》(JGJ 94—2008)。

(2) 抽样批量

抽检数量不应少于总桩数的1%,且不少于3根。

(3) 检验项目

1) 对工程桩的水平承载力进行抽样检验和评价。

2) 确定单桩水平极限承载力。

(4) 判定标准

1) 单桩竖向水平极限承载力的确定

应根据《建筑基桩检测技术规范》(JGJ 106—2014)第6.4.4条和《建筑桩基技术规范》(JGJ 94—2008)第E.0.7条确定。

2) 单桩水平承载力特征值的确定

单位工程同一条件下的单桩水平承载力特征值的确定:

① 当水平承载力按桩身强度控制时,取水平临界荷载统计值为单桩水平承载力特性值。

② 当桩受长期水平荷载作用且桩不允许开裂时,取水平临界荷载统计值0.8倍作为单桩水平承载力特性值。

(5) 检测报告除报告外还应包括的内容

① 受检桩桩位对应地质柱状图。

② 受检桩的截面尺寸及配筋情况。

③ 加卸载方法、荷载分级。

④ 整理数据、绘制的曲线及对应的数据表。

⑤ 承载力判定依据。

⑥ 计算桩身弯曲时，应有钢筋应力测试的仪器类型、计算方法及有关曲线圈图及数据表。

表中各栏目检测单位应据实填写，试验、审核、批准人签名负责，加盖单位公章．对出具的报告结果和数据负责。

(6) 说明

检测单位依据委托合同对单桩水平抗压静载试验的成果出具报告，具体试验记录由检测单位填写，经过检测单位的试验程序，出具的试验报告，报委托单位据此来判定桩竖向抗压承载能力的依据。质量检查员、项目技术负责人审查后，填写报验申请表，报专业（总）监理工程师验收。

4. 单桩竖向抗拔静载检测

(1) 有关标准

1)《建筑基桩检测技术规范》(JGJ 106—2014)；

2)《建筑桩基技术规范》(JGJ 94—2008)。

(2) 抽样批量

抽检数量不应少于总桩数的1%，且不少于3根。

(3) 检验项目

1) 对工程桩的水平承载力进行抽样检验和评价。

2) 确定单桩水平极限承载力。

(4) 表格填写（略）

(5) 判定标准

1) 单桩竖向抗压极限载力的确定

应根据《建筑基桩检测技术规范》（JGJ 106—2014）第4.4.3条和《建筑桩基技术规范》(JGJ 94—2008)第C.0.10条和第C.0.11条确定。

2) 单桩竖向抗压极限承载力的确定

单位工程同一条件下的单桩竖向抗压承载力特征值按单桩竖向极限承载力统计值的一半取值。

(6) 检测报告除报告外还应包括的内容

1）受检桩桩位对应地质柱状图。

2）受检桩尺寸及配筋情况。

3）加卸载方法、荷载分级。

4）上拔荷载与桩顶上拔量（U-σ）曲线、桩顶上拔量与时间对数（σ-log）曲线。

5）与承载力判定有关的曲线及数据表。

6）测试仪器名称、计算方法、各级荷载下桩身轴力变化曲线。

（7）说明

检测单位依据委托合同对单桩竖向抗压静载试验的成果出具报告，具体试验，由检测单位填写，经过检测单位的试验程序，出具的试验报告，报委托单位据此来判定桩竖向抗压承载能力的依据。质量检查员、项目技术负责人审查后，填写报验申请表，报专业（总）监理工程师验收。

5.钻孔灌注桩现场检测

（1）有关标准

《建筑基桩检测技术规范》（JGJ 106—2014）。

（2）抽样批量

抽检数量不应少于总桩数的1%，且不少于3根。

（3）检验项目

混凝土灌注桩成桩质量具体有：

1）桩身完整性（桩长、桩身混凝土强度、桩身完整性）。

2）桩底沉渣厚度（桩端持力层岩土性状）。

（4）表格填写（略）

（5）判定标准

《建筑基桩检测技术规范》（JGJ 106—2014）第7.6.1条、7.6.2条、7.6.3条、7.6.4条及7.6.5条。

1）桩身混凝土强度判定。芯样试件抗压强度代表值，按一组三块试件强度的平均值确定。同一受检桩同一深度部位有两组以上芯样试件抗压强度代表值时，取其平均值作为该桩深度处混凝土芯样试件抗压强度代表值。受检桩中不同深度位置的芯样试件强度代表值中的最小值为该桩芯样试件强度代表值。

2) 桩端持力层性状（桩长、沉渣厚度）判定，根据芯样特征、岩石芯样单轴抗压强度试验、动力触探和标准贯入试验结果，综合判定。

3) 桩身完整性类别判定，结合钻芯孔数、现场混凝土芯样特征、芯样单轴抗压强度试验结果，按表 3-45 综合判定。

桩身完整性判定　　　　　　　　表 3-45

类别	特　征
Ⅰ	混凝土芯样连续、完整、表面光滑、胶结好、骨料分布均匀、呈柱状、断口吻合，芯样侧面仅见少量气孔
Ⅱ	混凝土芯样连续、完整、胶结较好、骨料分布基本均匀、呈柱状、断口基本吻合，芯样侧面局部见蜂窝麻面、沟槽
Ⅲ	大部分混凝土芯样胶结较好，无松散、夹泥或分层现象，但有下列情况之一： 芯样局部破碎且破碎长度不大于 10cm； 芯样骨料分布不均匀； 芯样多呈短柱状或块状； 芯样侧面蜂窝麻面、沟槽连续
Ⅳ	钻进很困难； 芯样任一段松散、夹泥或分层； 芯样局部破碎且破碎长度大于 10cm

（6）除钻芯检测现场操作记录外还应包括的内容

1) 钻芯设备情况；

2) 检测桩数、钻孔数量、架室、混凝土芯进尺、岩芯进尺、总进尺、混凝土试件组数、岩石试件组数、动力触探或标准贯入试验结果；

3) 每孔的柱状图；

4) 芯样单轴抗压强度试验结果；

5) 芯样彩色照片；

6) 异常情况说明。

（7）说明

检测单位依据委托合同要求，通过钻芯和取样对混凝土灌柱桩的桩长、桩身混凝土强度、桩身完整性和桩底沉渣厚度进行判定或鉴别桩端持力层岩土性状的成果报告，由检测单位填写，检测单位经过试验程序，出具的试验报告。报委托单位据此判定混凝土灌柱桩的质量。

质量检查员、项目技术负责人审查试验报告、核查检测单位资质、检测程序、检测依据、检测方法是否符合要求，检测结果和数据是否满足设计要求和规范规定。

由项目技术负责人检查认可后，报验申请表，报专业（总）监理工程师验收认可。

6. 基桩低应变法检测

（1）有关标准

《建筑基桩检测技术规范》（JGJ 106—2014）。

（2）抽检数量

1）柱下三桩或三桩以下的承台抽检桩数不得少于1根。

2）设计等级为甲级，或地质条件复杂、成桩质量可靠性较低的灌注桩，抽检数量不应少于总桩数的30%，且不得少于20根；其他桩基工程的抽检数量不应少于总桩数的20%，且不得少于10根。

3）地下水位以上且终孔后桩端持力层，已通过核验的人工挖孔桩，以及单节混凝土预制桩，抽检数量可适当减少，但不应少于总桩数的10%，且不少于10根。

4）对于设计方认为重要的桩，局部地质条件出现异常的桩、施工工艺不同的桩、施工质量有疑问的桩，或为了全面了解整个工程基桩的桩身完整性，应适当增加抽检数量。

（3）检验项目

检测混凝土桩身缺陷及其位置，判定桩身完整性类别。

（4）表格填写

根据桩身完整性分类表3-46和桩身完整性判定表3-47的规定填写表格。

（5）判定标准

对检测所采集数据曲线信号进行分析,确定缺陷及位置,按表 3-46 的规定并结合实际施工情况,综合判定桩身完整性类别。

(6) 除检测报告外还应包括的内容

1) 桩身完整性检测实测信号曲线。

2) 桩身波速取值。

3) 桩身完整性描述、缺陷的位置及桩身完整性类别。

4) 时域信号时段所对应的桩身长度标尺、指数或线性放大的范围及倍数;或幅频信号曲线分析的频率范围、桩底或桩身缺陷对应的相邻谐振峰间的频差。

检测单位应据实填写,试验、审核、批准签名负责,加盖单位公章,对出具的报告结果和数据负责。

桩身完整性分类表　　　　　　　　　　　　表 3-46

桩身完整性类别	分类原则
Ⅰ 类桩	桩身完整性
Ⅱ 类桩	桩身有轻微缺陷,不会影响桩身结构承载力的正常发挥
Ⅲ 类桩	桩身有明显缺陷,对桩身结构承载力有影响
Ⅳ 类桩	桩身存在严重缺陷

桩身完整性判定　　　　　　　　　　　　　　表 3-47

类别	时域信号特征	幅频信号特征
Ⅰ	$2L/c$ 时刻前无缺陷反射波,有桩底反射波	桩底谐振峰排列基本等间距,其相邻频差 $\Delta f \approx c/2L$
Ⅱ	$2L/c$ 时刻前出现轻微缺陷反射波,有桩底反射波	桩底谐振峰排列基本等间距,其相邻频差 $\Delta f \approx c/2L$,轻微缺陷产生的谐振峰与桩底谐振峰之间的频差 $\Delta f' > c/2L$
Ⅲ	有明显缺陷反射波,其他特征介于Ⅱ类和Ⅳ类之间	
Ⅳ	$2L/c$ 时刻前出现严重缺陷反射波或周期性反射波,无桩底反射波; 或因桩身浅部严重缺陷使波形呈现低频大振幅衰减振动,无桩底反射波	缺陷指振峰排列基本等间距,相领频差 $\Delta f > c/2L$,无桩底谐振峰; 或因桩身浅部严重缺陷只出现单一谐振峰,无桩底谐振峰

（7）说明

低应变法检测基桩完整性的检测报告，由检测单位填写，是检测单位经过试验程序，出具的试验报告，报委托单位作为判定基桩完整性、桩身缺陷的程度及位置的依据。

质检查员、项目技术负责人重点是审查试验报告、核查检测单位的资质、检测程序、检测依据、检测方法是否符合要求，检测的结果及数据能否满足设计要求及规范规定；由项目技术负责人检查后，填写报验申请表，报专业（总）监理工程师验收。

7. 基桩高应变法检测

（1）有关标准

《建筑基桩检测技术规范》（JGJ 106—2014）。

（2）抽检数量

抽检数量不宜少于总桩数的 5%，且不少于 5 根。

（3）检验项目

判定单桩竖向抗压承载力。

（4）表格填写

按表格要求逐项填写，数据应真实，对判定结果由有关人员签字认可。

（5）判定标准

1）单桩竖向抗压极限承载力的确定。应根据《建筑基桩检测技术规范》（JGJ 106—2014）第 9.4.10 条，并结合实际地质条件、设计参数等情况综合判定。

2）单桩竖向抗压承载力特征值的确定。应根据《建筑基桩检测技术规范》（JGJ 106—2014）第 9.4.11 条规定确定。

（6）除检测报告外还应包括的内容

1）实测的力与速度信号曲线。

2）计算中实际采用的桩身波速值和阻尼系数 j_c 值。

3）实测曲线拟合法所选用的各单元桩土模型参数、拟合曲线、土阻力沿桩身分布图。

4）实测贯入度等。

表中各栏目检测单位应据实填写，试验、审核、批准人签名负责，加盖单位公章，对出具的报告结果和数据负责。

（7）说明

基桩高应变法检测基桩承载力和桩身完整性的检测报告，由检测单位填写，按检测程序出具的检测报告，报委托单位作为判定基桩承载力的依据。质量检查员、项目技术负责人重点审查试验报告，核查检测单位的资质、检测程序、方法、依据是否正确，检测的结果和数据能否满足设计要求及规范规定；

由项目技术负责人检查后，填写报验申请表，报专业（总）监理工程师验收。

8. 土工击实试验

（1）有关标准

1）《土工试验方法标准》（GB/T 50123—1999）；

2）《建筑地基基础工程施工验收规范》（GB 50202—2002）。

（2）抽样批量

取具有代表性土样。

1）轻型击实 20kg；

2）重型击实 50kg。

（3）检验项目

最优含水率、最大干密度、控制干密度。

（4）表格填写（略）

（5）判定标准

1）对不同含水率的试样依次击实，绘制干密度和含水率的关系曲线，曲线相应的纵坐标为击实试样的最大干密度，相应的横坐标为击实试样的最优含水率。

2）控制干密度不小于最大干密度与要求压实系数的积。

（6）除试验报告外还应包括的内容

1）主要仪器设备名称、尺寸。

2）取样方法。

3）击实步骤。

4）干密度和含水率曲线图。

5）最大干密度、最优含水率核正情况。

表中各栏目检测单位应据实填写，试验、审核、批准人签名负责，加盖单位公章，对出具的报告结果和数据负责。

（7）说明

回填土或场地需压实时，为施工过程取样检测，为土壤压实质量的试验提供参数，或施工过程取样检验的试验记录报告，由检测单位按委托要求，按程序检测，填写此报告。报委托单位、质量检查员、项目技术负责人审查后，确定施工现场回填土试验参数，填写报验申报表，报专业监理工程师认可。

9. 回填土密实度试验

（1）有关标准

根据地基承载力要求或对回填土密度要求，提出压实标准。有条件的求得最大干密度、控制干密度，计算压实系数。有的地区无经验压实系数，可参照表 3-48 根据土质填料选择压实系统。

各种垫层的压实标准 表 3-48

施工方法	换填材料类别	压实系数 τ_c
碾压、振密或夯实	碎石、卵石	0.94~0.97
	砂夹石（其中碎石、卵石占全重的 30%~50%）	
	土夹石（其中碎石、卵石占全重的 30%~50%）	
	中砂、粗砂、砾砂、角砾、圆满砾、石屑	
	粉质黏土	
	灰土	0.95
	粉煤灰	0.90~0.95

（2）抽样批量

按回填土分层回填，每层铺设厚度为 200~300mm，回填土试验应现场试验，每层必须检验合格后，才能铺上一层。其检查点如下：

对于用环刀法抽样的大基坑每 50~100m²，不少于一个检验点；对基槽每 10~20m 延长米不少于 1 点；每个独立桩基下不少于 1 点。如采用贯入仪、动力触探，每层检验点的间距应不大于 4m。

（3）检验项目

填土的承载力，压实系数。

（4）判定标准

现场随施工进度分层选点取样试验，达到规定的压实系数后，再进行下一道工序。压实系数由设计单位确定。

（5）除试验报告外还应附原始记录表、取样位置图及试验方法。

（6）说明

有压实要求的回填土压实试验的记录，由回填土单位自行测试或由检测单位试验。

由质量检查员检查合格后，填写报验申请表，报专业监理工程师验收。

3.2.3 砌筑砂浆有关试验

1. 砌筑砂浆配合比试验

（1）有关标准

1)《砌筑砂浆配合比设计规程》(JGJ/T 98—2010)；

2)《建筑砂浆基本性能试验方法标准》(JGJ/T 70—2009)。

（2）检验项目

砂浆强度等级，由设计图纸或设计单位确定。按已确定的砂浆强度等级、种类试配并提出配合比及每盘的用料量。

（3）说明

施工现场砂子已进场，已确定水泥、石灰、掺合料的使用厂家及强度等级或已进场，搅拌方法已确定，砌筑砂浆设计强度等级也已确定，针对砂浆的配合比的试验记录。试验单位按委托的砂浆强度等级、均方差、种类及已有的材料，通过试配确定实际配合比，试配完成后报委托单位。对于承重结构和重要部位使用的砂浆，施工单位质量检查员，项目技术负责人检查后填写报验申请表，报专业监理工程师验收。

2. 砌筑砂浆试块强度检测

（1）有关标准

1）《砌体结构工程施工质量验收规范》(GB 50203—2011)；

2）《建筑砂浆基本性能试验方法》(JGJ/T 70—2009)。

（2）抽样批量

1）同一检验批且不超过 250m^3。砌体中的各种类型及强度等级的砂浆，每台搅拌机应至少检查一次，每次至少应制作一组试件，如砂浆强度等级或配合比变更时，还应另制作试块。

2）地面砂浆按每一层地面 1000m^2。制作一组，不足 1000m^2 按 1000m^2 计算。同一类型、强度等级的砂浆试块验收批按楼层划分，基础砌体可按一楼层计。

（3）检验项目

砂浆抗压强度。

（4）检验方法

在砂浆搅拌机出料口随机取样制作砂浆试块（同盘砂浆只应制作一组试块），最后检查试块强度试验报告单。

（5）强度评定

1）以六个试件测值的算术平均值作为该组试件的抗压强度值，平均值精确至 0.1MP。

2）当六个试件的最大值或最小值与平均值差大于 20％时，以中间四个试件的平均值作组试件的抗压强度值。

3）同一验收批砂浆试块抗压强度平均值必须大于或等于设计强度等级所对应的立方体抗压强度；同一验收批砂浆试块抗压强度的最小一组平均值必须大于或等于设计强度等级所对应的立方体抗压强度的 0.75 倍。

① 砌筑砂浆的验收批，同一类型、强度等级的砂浆试块应不少于 3 组。当同一验收批只有一组试块时，该组试块抗压强度的平均值必须大于或等于设计强度等级所对应的立方体抗压强度。

② 砂浆强度应以标准养护，龄期为28d的试块抗压试验结果为准。

(6) 说明

按规定在施工过程中留置砌筑砂浆试块，委托有资质的检测单位对其试压，检测单位对标养28d的砂浆试块按规定程序进行试压，填写此表，报委托单位。质量检查员、项目技术负责对其审查，作为检验批、分项工程质量验收的依据，在报检验批、分项工程质量验收时，应附上检测报告或说明情况，注明试验报告的编号等。

3. 砌筑砂浆贯入法检测

(1) 有关标准

1)《建筑砂浆基本性能试验方法标准》(JGJ/T 70—2009)；

2)《贯入法检测砌筑砂浆抗压强度技术规程》(JGJ/T 136—2001)；

3)《砌体结构工程施工质量验收规范》(GB 50203—2011)。

(2) 抽样批量

1) 按龄期相近的同楼层、同品种、同强度等级砌筑砂浆的砌体为一检验单位，抽检数量不应少于砌体总构件数的30%，且不应少于6个构件。基础砌体可按一个楼层计。

2) 应以面积不大于$25m^2$的砌体构件或构筑物为一个构件。

(3) 检验项目

砂浆强度等级。

(4) 判定标准

推定砂浆强度值与设计砂浆强度值相比较，判定是否达到设计强度等级。

(5) 说明

砂浆和砌体强度原位检测，进行此项检测多数情况下，对已砌墙的砂浆强度等级存在怀疑或对砌体强度存在怀疑，通过检测砂浆强度等级来推定砌体强度等级。用贯入法检测结果。当进行建筑砌体中砌筑砂浆抗压强度的现场检测，作为推定抗压强度的依据，由质量检查员检查合格，同填写验收申报表，报专业监理工程师验收认可此方法。不适用于遭受高温、冻害、化学侵蚀、火灾等砂浆的推定，对冻结法施工的砂浆在强度回升期阶段不得用此法检测。

4. 砂浆砌体强度单位检测

（1）有关标准

《砌体结构工程施工质量验收规范》（GB 50203—2011）。

（2）抽样批量

对于检测的部位，按砂浆、砌体强度等级龄期基本相同的砌体为一检测范围，按规定抽样应不少于6个试件。

（3）检验项目

砂浆、砌体强度等级推定。

（4）判定标准

通过检测推定砂浆及砌体强度符合设计要求。

（5）说明

1）当施工中或验收时出现下列情况，可采用现场检验方法对砂浆和砌体强度进行原位检测或取样检测，并判定其强度：

①砂浆试块缺乏代表性或试块数量不足；

②对砂浆试块的试验结果有怀疑或有争议；

③砂浆试块的试验结果，不能满足设计要求。

2）当砌体已完成，对其砂浆、砌体强度有疑问时，采用一些规定的检测方法，通过检测来推定砂浆、砌体强度的强度等级。由检测单位出具检测报告。经质量检查员、项目技术负责人审查后，认真写报验申报表，报专业监理工程师检验认可。

3.2.4 混凝土强度试验

1. 混凝土配合比试验

（1）有关标准

1）《普通混凝土配合比设计规程》（JGJ 55—2011）；

2）《普通混凝土拌合物性能试验方法》（GB/T 50080—2002）。

3）《混凝土力学性能试验方法》（GB/T 50081—2002）。

（2）检验项目

混凝土强度等级由设计单位（设计文件）确定，按已确定等级、种类、性能要求，提出配合比及每盘的用料量。

（3）说明

建筑物、构筑物用混凝土按规定在水泥、石子、砂石、添加剂等材料进场或已确定场地（厂家）和质量要求后，设计已提出混凝土强度等级及性能要求。有资质的检测单位按委托进行混凝土配合比设计，通过试配出具的配合比试验通知单，并提出每盘用料数量。

施工单位质量检查员、项目技术负责人审查后，填写报验申请表，报专业监理工程师验收认可。

2. 混凝土试块抗压强度检测

（1）有关标准

①《普通混凝土拌合物性能试验方法》（GB/T 50080—2002）；

②《普通混凝土力学性能试验方法》（GB/T 50081—2002）；

③《混凝土结构工程施工质量验收规范》（GB 50204—2015）；

④《混凝土强度检验评定标准》（GB/T 50107—2010）。

（2）抽样批量

1）对现场搅拌混凝土。

① 每拌制 100 盘，但不超过 $100m^3$ 的同配合比混凝土，取样次数不得少于一次；

② 每工作班拌制的同配合比混凝土不足 100 盘时，其取样次数不得少于一次。

2）对现浇混凝土构件每一现浇层，同一单位工程每一验收项目同配合比的混凝土，取样次数不得少于一次。

3）对预拌混凝土：

① 按每 $100m^3$ 的同配合比混凝土，取样次数不得少于一次；每工作班拌制的同配合比混凝土不足 $100m^3$ 时，其取样次数不

得少于一次；在一分项项目中，连续供应相同配合比的混凝土量大于 1000m³ 时，每 200m³ 时取样不少于一次。

② 用于出厂检验的试块在搅拌地点采取，按每 100 盘同配合比的混凝土取样不少于一次；每一工作班相同配合比的混凝土不足 100 盘时，取样也不少于一次。

(3) 检验项目

混凝土抗压强度

(4) 判定标准

1) 边长为 150mm 的立方体试件是标准试件。边长为 100mm 和 200mm 的立方体试件是非标准试件，可进行折算。

2) 强度值的确定应符合下列规定：

① 三个试件测量的算术平均值作为该组试件的强度值（精确至 0.1MPa）；

② 三个测值中的最大值或最小值中如有一个与中间值的差值超过中间值的 15% 时，取中间值作为该组试件的抗压强度值；

③ 如最大值和最小值与中间值的差均超过中间值的 15%，则该组试件的试验结果无效。

(5) 说明

按规定在施工过程中留置混凝土试块，委托有资质的检测单位对标养 28d 的混凝土试块，按规定程序进行试压的检测报告，检测单位填写此表，报委托单位。

质量检查员、项目技术负责对其审查，作为检验批、分项工程质量验收的依据，在报检验批、分项工程质量验收时，应附上检测报告或说明情况，注明检测报告的编号。

3. 混凝土试块抗折强度检测

(1) 有关标准

1)《普通混凝土拌合物性能试验方法标准》（GB/T 50080—2002）；

2)《普通混凝土力学性能试验方法标准》（GB/T 50081—2002）；

3)《混凝土结构工程施工质量验收规范》(GB 50204—2015);

4)《混凝土强度检验评定标准》(GB/T 50107—2010);

5)《水泥混凝土路面施工及验收规范》(GBJ 97—1987)。

(2) 抽样批量

根据需要取一组或二组(每组三个试件)试件,做 7d 和 28d 抗折强度试验。

(3) 检验项目

混凝土抗折强度。

(4) 判定标准

1) 三个试件测量的算术平均值作为该组试件的强度值(精确至 0.1MPa);

2) 三个测值中的最大值或最小值中如有一个与中间值的差值超过中间值的 15% 时,取中间值为该组件的抗压强度值;

3) 如最大值和最小值与中间值的差均超过中间值的 15%,则该组试件的试验结果无效。

4) 三个试件下边缘断裂位置处于二个集中荷载作用线之间时,则按三个试件平均值计算抗折强度值;当三个试件中若有一个折断面位于两个集中荷载作用线之外,则混凝土抗折强度值按另两个试件的试验结果计算。若这两个测量值的差值不大于这两个测值的较小值的 15% 时,则该组试件的抗折强度值按这两个测值的平均值计算,否则该组试件的试验无效。若有两个试件的下边缘断裂位置于两个集中荷载作用线之外,则该组试件试验无效。

5) 150mm×150mm×60mm 为标准试件,当试件尺寸为 100mm×100mm×400mm 非标准试件时,应乘以换算系数 0.85,当混凝土强度等级≥C60 时,宜采用标准试件;使用非标准试件时,尺寸换乘系数由试验确定。

(5) 说明

混凝土有抗折强度要求时,检测单位按有关程序进行混凝土试块抗折强度的检测，完成后填写检测报告，报委托单位。质量检查员、项目技术负责人审查后，根据报告结果对混凝土的性能给予判定。

4. 混凝土试块抗渗检测

(1) 有关标准

1)《普通混凝土长期性能和耐久性能试验方法标准》(GB 50082—2009)；

2)《地下防水工程质量验收规范》(GB 50208—2011)。

(2) 抽样批量

连续浇筑混凝土每 500m³ 应留置一组抗渗试件（每组 6 个），同一工程、同一配合比不少于一组，且每项工程不得少于两组。

(3) 检验项目

混凝土的抗渗等级。

(4) 判定标准

1) 抗渗性能试验应采用顶面直径为 175mm，底面直径 185mm，高度为 150mm 的圆台，或直径和高度均为 150mm 的圆柱试件。六个试件为一组，一般以标养 28d 龄期进行试验，有特殊要求可在其他龄期进行。

2) 抗渗等级以混凝土抗渗试件中的四个试件未出现渗水的最大水压力计算。

3) 抗渗等级当六个试件中有三个试件端面呈有渗水现象时，即可停止试验时的水压。最大水压力计算，按下式计算：

如：$P = 10H - 1$

P——抗渗等级；

H——六个试件中三个渗水时的水压力（MPa）。

(5) 说明

混凝土有抗渗压力性能要求时，检测单位按委托要求，按规定程序进行抗渗检测，试验完成报委托单位，作为判定该配合比配制混凝土的抗渗性能或检验该工程混凝土的抗渗性能的依据。

质量检查员、项目技术负责人审查后，根据报告结果对混凝土抗渗压力性能给予判定。

5. 结构实体同条件养护混凝土试块强度检测

（1）有关标准

1)《混凝土结构工程施工质量验收规范》（GB 50204—2015）；

2)《混凝土强度检验评定标准》(GB/T 50107—2010)。

（2）取样方法和取样数量

同条件养护试件的留置方式和取样数量，应答合下列要求：

1) 同条件养护试件所对应的结构构件或结构部位，应由监理（建设）、施工等各方共同选定；

2) 对混凝土结构工程中的各混凝土强度等级，均应留置同条件养护试件；

3) 同一强度等级的同条件养护试件，其留置的数量应根据混凝土工程量和重要性确定，不宜少于10组，且不应少于3组；

4) 同条件养护试件拆模后，应放置在靠近相应结构构件或结构部位的适当位置，并应采取相同的养护方法。

（3）同条件养护试件的养护及强度代表值

1) 同条件养护试件应在达到等效养护龄期时进行强度试验。等效养护龄期应根据同条件养护试件强度与在标准养护条件下28d年龄期试件强度相等的原则确定。

2) 同条件自然养护试件的试件强度代表值，宜根据当地的气温和养护条件，按下列规定确定：

① 等效养护龄期可取按日平均温度逐日累计达到600℃/d时所对应的龄期。0℃以下的龄期不计入；等效养护龄期不应小于14d，也不宜大于60d；

② 同条件养试件的强度代表值应根据强度试验结果按现行国家标准《混凝土强度检验评定标准》(GB/T 50107)的规定确定后，乘折算系数使用；折算系数宜取为1.10，也可根据当地

的试验统计结果作适当调整。

3) 冬期施工、人工加热养护的结构构件，其同条件养护试件的等效养护龄期可按结构构件的实际养护条件，达到等效养护龄期时进行强度试验。

6. 结构实体钢筋保护层厚度检验

(1) 有关标准

1)《混凝土结构工程施工质量验收规范》（GB 50204—2015）；

2)《钢筋混凝土用钢 第2部分：热轧带肋钢筋》（GB 1499.2—2007）；

3)《钢筋混凝土用余热处理钢筋》（GB 13014—2013）；

4)《钢筋混凝土用钢 第1部分：热轧光圆钢筋》（GB 1499.1—2008）；

5)《预应力混凝土用钢丝》（GB/T 5223—2014）；

6)《预应力混凝土用钢棒》（GB/T 5223.3—2005）；

7)《预应力混凝土用钢绞线》（GB/T 5224—2014）；

8)《冷轧带肋钢筋》（GB 13788—2008）；

9)《冷轧扭钢筋》（JG 3046—2006）。

(2) 抽样结构部位和构件数量

钢筋保护层厚度检验的结构部位和构件数量，应符合下列要求：

1) 钢筋保护层厚度检验的结构部位，应由监理（建设）、施工等各方根据结构构件的重要性共同选定；

2) 对梁类、板类构件，应各抽取构件数量的2%且不少于5个构件进行检验；当有悬挑构件时，抽取的构件中悬挑梁类、板类构件所占比例均不宜小于50%。

(3) 检验数量和方法

1) 对选定的梁类构件，应对全部纵向受力钢筋的保护层厚度进行检验；对选定的板类构件，应抽取不少于6根纵向受力钢筋的保护层厚度进行检验。对每根钢筋，应在有代表性的部位测量 1 点。

2) 钢筋保护层厚度的检验，可采用非破损或局部破损的方法，也可采用非破损方法并用局部破损方法进行校准。当采用非破损方法检验时，所使用的检测仪器应经过计量检验，检测操作应符合相应规程的规定。钢筋保护层厚度检验的检测误差不应大于 1mm。

（4）合格判定

1) 钢筋保护层厚度检验时，纵向受力钢筋保护层厚度的允许偏差，对梁类构件为 +10mm，-7mm；对板类构件为 +8mm，-5mm。

2) 对梁类、板类构件纵向受力钢筋的保护层厚度应分别进行验收。

① 结构实体钢筋保护层厚度验收合格应符合下列规定：

当全部钢筋保护层厚度检验的合格点率为 90% 及以上时，钢筋保护层厚度的检验结果应判为合格；

② 当全部钢筋保护层厚度检验的合格点率小于 90% 但不小于 80%，可再抽取相同数量的构件进行检验；当按两次抽样总和计算的合格点率为 90% 及以上时，钢筋保护层厚度的检验结果仍应判为合格；

③ 每次抽样检验结果中不合格点的最大偏差均不应大于规定的允许偏差，对梁类构件为 +10mm，-5mm；对板类构件为 +10mm，-5mm。

（5）说明

结构混凝土构件施工完成后，对其主要受力钢筋位置进行抽样检测。在混凝土结构拆模后，用非破损或局部破损的方法，对构件实体进行检测，以验证主要受力钢筋保护层厚度。按《混凝土结构工程施工质量验收规范》(GB 50204—2015) 附录 E 规定进行检测后，报委托单位。质量检查员、项目技术负责人审查后，填写报验申请表，报专业监理工程师验收认可。

7. 混凝土芯样检测

(1) 有关标准

1)《混凝土结构工程施工质量验收规范》（GB 50204—2015）

2)《钻芯法检测混凝土强度技术规程》（CECS 03—2007）。

(2) 抽样批量

1) 按单个构件检测时，每个构件的钻芯数量不应少于 3 个；对于较小构件，钻芯数量可取 2 个。

2) 对工程或构件的局部区域进行检测时，应按混凝土强度等级，由要求检测的单位提供钻芯位置及芯样数量。

(3) 检验项目

检测混凝土实体的抗压强度。

(4) 判定标准

1) 取得芯样制备的试件，进行试压，测得混凝土的强度换算值。

2) 单个构件工程的局部区域，可取芯样试件混凝土强度换算值的最小值作为代表值。

(5) 说明

采用钻芯取样的方法，取得混凝土芯样试块，经过制备试件，进行试压及换算得出混凝土工程强度实值。检测单位检测完成后报委托单位，据此来判定混凝土结构的质量情况。质量检查员、项目技术负责人审查后，填写报验申报表，报专业监理工程师验收认可。

8. 混凝土回弹检测

(1) 有关标准

1)《混凝土结构工程施工质量验收规范》（GB 50204—2015）；

2)《回弹法检测混凝土抗压强度技术》（JGJ/T 23—2011）。

(2) 抽样批量

1) 通过对单个结构或构件的检测求得混凝土强度的推定值。

2) 对于在相同生产工艺条件下，混凝土强度等级相同，原材料、配合比、成型工艺、养护条件基本一致，且龄期相近的同类结构或构件可按批进行检测。按批进行检测的构件，抽检数量不得少于同批构件总数的30%，且构件数量不得少于10件。

(3) 检验项目

现场结构或构件混凝土强度等级。

(4) 判定标准

结构或构件的混凝土强度推定值 $f_{cu,e}$，应按下列公式确定：

1) 当该结构或构件测区数少于10个时 $f_{cu,e}=f_{cu,min}$

式中 $f_{cu,min}$——构件中最小的测区混凝土强度换算值。

2) 当该结构或构件的测区强度值中出现小于10.0MPa时，$f_{cu,e}<10.0$MPa。

3) 当该结构或构件测区数不少于10个或按批量检测时，$f_{cu,e}=Mf_{cu}^c-1.645Sf_{cu}^c$

4) 对按批检测的构件，当该批构件混凝土强度标准差出现下列情况之一时，则该批构。

(5) 说明

采用回弹法测混凝土强度，按记录及换算，按规定程序求得推定值，报告委托单位，作为判定混凝土结构实体强度的参考标准。质量检查员、项目技术负责人审查后，填写报验申报表，报专业监理工程师验收认可。

9. 现浇混凝土楼板厚度检测

(1) 有关标准

《混凝土结构工程施工质量验收规范》（GB 50204—2015）附录。

(2) 抽样批量

按楼层划分检验批。在同一检验批内选择有代表性的检测点，每层抽查不少于5点。

(3) 检验项目

现浇混凝土楼板厚度，精确到1mm。

(4) 判定标准

1) 现浇楼板厚度允许偏差为+10mm、-5mm。

2）当全部现浇楼板厚度的合格点率为80%及以上时，应判为合格。

（5）说明

在结构工程完成后，装饰前运行抽样检测，通常可以钻孔检测，并报告检测结果。可由施工单位在监理旁站监理下自检，也可委托有资质检测单位进行检测。取得检测结果后，报告委托单位。由质量检查员、项目技术负责人审查后，填写报验申报表，报专业监理工程师验收

认可。

10. 装配式结构预制件结构性能检验

（1）有关标准

《混凝土结构工程质量验收规范》（GB 50204—2015）。

（2）抽样批量

检验数量：每批进场不超过1000个同类型预制构件为一批，在每批中应随机抽取一个构件进行检验。

（3）检验方法

检查结构性能检验报告或实体检验报告。

（4）检验项目

钢筋混凝土构件和允许出现裂缝的预应力混凝土构件进行承载力、挠度和抗裂缝宽度检验；不允许出现裂缝的预应力混凝土构件进行承载力、挠度和抗裂检验；预应力混凝土构件中的非预应力杆件按钢筋混凝土构件的要求进行检验。对设计成熟、生产数量较少的大型构件，当采取加强材料和制作质量检验的措施时，可仅作挠度、抗裂或裂缝宽度检验；当采取上述措施并有可靠的实践经验时，可不作结构性能检验。

（5）判定标准

预制构件结构性能的检验结果应按（GB 50204—2015）第9.2.2条验收。

（6）说明

预制构件应进行结构性能检验。结构性能检验不合格的预制

构件不得用于混凝土结构。

11. 植筋抗拔检测

（1）有关标准

1）《建筑锚栓抗拉拔、抗剪性能试验方法》（DG/TJ 08-20003—2000）

2）关于印发《植筋法拉结筋施工指南》市建质监［2002］第17号

（2）抽样批量

1）同一规格拉结筋以500根作为一个检验批，不足部分按一个检验批处理。在已确定的检验批中，每个检验批中抽取3根拉结筋做抗拉拔试验。

2）相同类型、相同规格型号尺寸和用于相同构件设计强度等级的锚栓试件，均应不少于3个。

（3）检验项目

植筋抗拔力。

（4）判定标准

1）拉结筋达到钢筋屈服强度且锚固无明显松动、滑动现象或达到设计预埋规定值的，判定为合格。

2）一个检验批中有一根不合格时，允许进行复验，复验时加倍取样，复验全部合格的，判定该检验批合格。

3）一个检验批中有2根及以上不合格的，判定该检验批不合格。

4）一个检验批中有1根不合格时，允许进行复验，复验时加倍取样。复验有1根不合格的，判定该检验批不合格。

5）以三个锚栓破坏荷载试验测值的算术平均值作作为该组的抗拉拔破坏荷载值（精确到0.1kN）。3个测值中的最大值或最小值，有一个与中间值的差超过15%时，则取最小测值作为该组试件的破坏荷载组。

（5）说明

用作拉结筋、连系筋及吊筋等功能使用的采用后置方法埋置牢固程度检测，通过拉拔检验，按设计及埋前的抗拉力要求为标准进行判定。由检测单位或施工单位有资格的人员采用规定的设备进行检测。质量检查核审合格后，作为验收依据之一。

3.2.5 钢结构工程施工过程检测

1. 钢结构焊缝超声波检测

（1）有关标准

1）《钢结构工程施工质量验收规范》（GB 50205—2001）；

2）《焊缝无损检测超声检测技术、检测等级和评定》（GB/T 11345—2013）；

3）《钢结构超声波探伤及质量分级法》（JG/T 203—2007）；

4）《钢结构焊接规范》（GB 50661—2011）。

（2）抽样批量

同一单位工程中钢构件设计要求全焊透的一、二级焊缝应全数检查。

（3）检验项目

钢结构焊缝内部缺陷。

（4）判定标准

检测结果应符合表 3-49 的规定。

一、二级焊缝内部缺陷　　　　　　　表 3-49

焊缝质量等级		一级	二级
内部缺陷超声波探伤	评定等级	Ⅱ	Ⅲ
	检验等级	B 级	B 级
	探伤比例	100%	20%
内部缺陷射线探伤	评定等级	Ⅱ	Ⅲ
	检验等级	AB 级	AB 级
	探伤比例	100%	20%

注：探伤比例的计数方法应按以下原则确定：（1）对工厂制作焊缝，应按每条焊缝计算百分比，且探伤长度不应小于 200mm，当焊缝不足 200mm 时，应对整条焊缝进行探伤；（2）对现场安装焊缝，应按同一类型、同一施焊条件的焊缝条数计算百分比，探伤长度不应小于 200mm，并应不少于 1 条焊缝。

(5) 说明

钢结构焊缝质量的检验，包括钢结构制作和安装中的钢构件焊接和焊钉焊接的焊缝质量检验。由检测单位委托单位要求和规定程序用超声波对已焊的焊缝质量。进行检测，填写报告，报委托单位。质量检查员、项目技术负责人审查后，报验申报表，报专业监理工程师认可。

2. 金属表面磁粉探伤检测

(1) 有关标准

《钢结构焊接规范》（GB 50661—2011）第 8.2.6 条。

(2) 抽样批量

每批同类构件抽查 10%，且不少于 3 件；被抽查构件中，每一类型焊缝按条数抽查 5%，且不少于 1 条；每条检查一处，总抽查数不应少于 10 处。

(3) 检验项目

钢结构焊缝气孔、咬边、裂纹等表面缺陷。

(4) 判定标准

在有效的磁场强度作用下，磁粉磁化后，试片上显示刻槽的磁痕，探伤后尽快进行观察磁痕，以判定焊缝表面质量。

(5) 说明

用于焊缝表面质量，当用观察检查、放大镜检查存在疑义时，采用磁粉探伤检查的检测用表，由专业检查负责人进行操作，取得检查结果后填写。质量检查员核查检测报告，以判定焊缝外观质量。

3. 高强度螺栓连接副预拉力检测报告

(1) 有关标准

1)《钢结构用扭剪型高强度螺栓连接副》（GB/T 3632—2008）；

2)《钢结构工程施工质量验收规范》（GB 50205—2001）；

3)《建筑结构检测技术标准》（GB/T 50344—2004）。

(2) 抽样批量

每批大量为 3000 套,每批抽取 8 套扭剪型高强螺栓进行连接副轴力的检验。

(3) 检验项目

紧固轴力、紧固轴力标准偏差。

(4) 判定标准

连接副紧固轴力是否合格按进行判定表 3-50,当 L 小于表 3-51 数值时,可不进行紧固轴力试验。

连接副紧固轴力表　　　　表 3-50

螺纹规格		M16	M20	M22	M24
每批紧固轴力平均值	公称	109	170	211	245
	Min	99	154	191	222
	Max	120	186	231	270
紧固轴力标准偏差 $\delta \leqslant$		10.1	15.7	19.5	22.7

L 数值表　　　　表 3-51

螺纹规格	M16	M20	M22	M24
L	60	60	65	70

(5) 说明

高强度螺栓连接副预拉力检测记录,按钢结构施工质量验收规范规定,在工程使用前应做紧固轴力复试检测,符合设计要求后才能用于工程上,检测单位按委托要求,按程序做连接紧固轴力预拉力检测,将结果报告委托单位。质量检查员、项目技术负责人检查合格后,填写报验申报表,报专业监理工程师验收认可。

4. 螺栓连接副拉力荷载检测

(1) 有关标准

1)《紧固件机械性能 螺栓、螺钉和螺柱》(GB/T 3981.1—2010)

2)《钢结构工程施工质量验收规范》(GB 50205—2001);

3)《建筑结构检测技术标准》(GB/T 50344—2004);

4)《金属材料拉伸试验 第1部分:室温试验方法》(GB/T 228.1—2010)。

(2) 抽样批量

以同批量同规格的试件,抽检8套。

(3) 检验项目

拉力最小荷载。

(4) 判定标准

当试验拉力达到《紧固件机械性能 螺栓、螺钉和螺柱》(GB/T 3981.1—2010)中规定最小拉力荷载时不得断裂;荷载大于该值,直至拉断,断裂发生在杆部或未旋合的螺纹长度内,而不应发生在螺头与杆部的交接处。

(5) 说明

螺栓连接副(包括螺栓、螺钉、螺柱)拉力荷载检测,按钢结构施工质量验收规范规定,在高强螺栓连接副使用在工程前,应按规定进行连接副拉力荷载试验,荷载符合设计要求后才能用于工程,检测单位按委托要求,按规定程序做连接副拉力荷载检测,将检测结果报告委托单位。质量检查员、项目技术负责人检查符合设计要求后,填写报验申报表,报专业监理工程师验收认可。

5. 螺栓连接副施工检测报告

(1) 有关标准

1)《钢结构工程施工质量验收规范》(GB 50205—2001);

2)《建筑结构检测技术标准》(GB/T 50344—2004)。

(2) 抽样批量

高强度螺栓按节点数抽查10%,且不应少于10个,每个被抽查节点按螺栓数10%,且不少于2个。

扭剪型高强度螺栓按节点数抽查10%,但不少于10个节点,被查节点中梅花头未拧掉的扭剪型高强螺栓连接副全数进行终拧扭矩检查。

(3) 检验项目

施工扭矩到位情况，扭矩系数。

(4) 判定标准

1) 扭矩法检验判定标准，扭矩值与施工扭矩值的偏差在10%以内为合格。

2) 转角法检验判定标准，终拧转角偏差在10°以内为合格。

3) 抗剪型高强度螺栓施工扭矩检验以尾部梅花头拧掉者视同其终拧扭矩到合格质量标准，尾部梅花头未被拧掉者应按上述扭矩法或转角法检验。

(5) 说明

高强度螺栓施工完毕后，检验螺栓扭矩质量，螺栓连接副施工扭矩检测可由检测单位检测，也可由施工单位经过培训的技术人员检测，包括检验结构用扭剪型高强度螺栓、钢结构用高强度大六角头螺栓、紧固件施工扭矩检测。检测后填写检测报告，由质量检查员检查合格后，作为检验批、分项工程质量验收的依据之一，附在分项工程质量验收表后，报专业监理工程师验收认可。

6. 高强度大六角螺栓连接扭矩系数下检测

(1) 有关标准

1)《钢结构用高强度大六角头螺栓、大六角螺母、垫圈技术条件》(GB/T 1231—2006)；

2)《钢结构工程施工质量验收规范》(GB 50205—2001)；

3)《建筑结构检测技术标准》(GB/T 50344—2004)。

(2) 抽样批量

每批最大量为3000套，每检验批抽取8套扭剪型高强螺栓进行高强度大六角头螺栓连接副进行扭矩系数检测。

(3) 检验项目

同批连接副的扭矩系数平均值、扭矩系数标准偏差。

(4) 判定标准

按同批连接副的扭矩系数平均值为0.110~0.150，扭矩系数标准偏差小于等于 0.010 为合格。

(5) 说明

高强度大六角螺栓连接副扭矩系数的检测，按钢结构施工质量验收规范规定，螺栓使用应对其系数进行检验，符合设计要求后才能用到工程上。检测单位委托要求，按规定程序进行检测，出实际扭矩系数，将结果报委托单位。质量检查员、项目技术负责人检查符合设计要求后，填写报验申报表，报专业监理工程师验收认可。

7. 高强度螺栓连接副摩擦面抗滑移系数检测

(1) 有关标准

1)《钢结构用高强度大六角头螺栓、大六角螺母、垫圈技术条件》(GB/T 1231—2006)；

2)《钢结构用扭剪型高强度螺栓连接副》(GB/T 3632—2008)；

3)《钢结构工程施工质量验收规范》(GB 50205—2001)；

4)《建筑结构检测技术标准》(GB/T 50344—2004)。

(2) 抽样批量

制造厂和安装单位分别以钢结构制造批为单位进行抗滑移系数试验。制造批可按分部（子分部）工程划分规定的工程量每2000t 为一批，不足 2000t 的可视为一批；选用两种及两种以上表面处理工艺应单独检验。每批三组试件。

(3) 检验项目

滑移载荷及抗滑移系数。

(4) 判定标准

按设计规定的抗滑移系数（u）值和检测实测值来判定是否符合设计要求。

(5) 说明

高强度螺栓连接副摩擦面抗滑移系数的复查检测，包括钢结构用扭剪型高强度螺栓、钢结构用高强度大六角头螺栓与钢板连接件抗滑移系数检测。按《钢结构工程施工质量验收规范》(GB

50205—2001)的规定，应先进行复试合格才能用于工程，检测单位按委托单位的要求，按检测程序进行检测出具检测报告，报委托单位。质量检查员、项目技术负责人审查合格后，填写报验申报表，报专业监理工程师验收认可。

8. 高强度螺栓硬度检测

（1）有关标准

1)《钢结构用高强度大六角头螺栓、大六角螺母、垫圈技术条件》(GB/T 1231—2006)；

2)《钢结构用扭剪型高强度螺栓连接副》(GB 3632—2008)。

（2）抽样批量

以同批量同规格的试件，抽检8只。

（3）检验项目

芯部硬度试验。

（4）判定标准

用硬度计10倍放大镜或磁粉探伤检查，分别达到表3-52标准。

1) 钢结构用扭剪型高强度螺栓。

当螺栓 $L/d \leqslant 3$ 时，如不能帮楔负载试验，应允许做芯部硬度试验。

2) 钢结构用高强度大六角头螺栓。

当螺栓 $L/d \leqslant 3$ 时，如不能帮楔负载试验，应允许做芯部硬度试验。

性能等级标准　　　　　　表 3-52

性能等级	洛氏硬度		维纸硬度	
	min	max	min	max
10H	98HRB	32HRC	222HV30	304HV30
8H	95HRB	30HRC	206HV30	289HV30

（5）说明

建筑结构安全等级为一级，跨度40m及以上的螺栓球节点钢网架结构，其高强度螺栓包括结构用扭剪型高强度螺栓、钢结构用高强度大六角头螺栓的硬度检测。按《钢结构工程施工质量验收规范》(GB 50205—2001)的规定，应先做硬度检测，复试合格后才能用于工程，检测单位按委托单位的要求，按检测程序进行检测出具检测报告，报委托单位、质量检查员、项目技术负责人审查合格后，填写报验申报表，报专业监理工程师验收认可。

9. 钢网架球节点螺栓螺纹拉力荷载检测

(1) 有关标准

1)《钢结构工程施工质量验收规范》(GB 50205—2001)；

2)《建筑结构检测技术标准》(GB/T 50344—2004)；

3)《钢网架检验及验收标准》(JGJ 75.3—1991)。

(2) 抽样批量

按设计指定规格的球最大螺栓孔螺纹进行抗拉强度保证荷载试验。每项试验随机抽取个试件做试验。

(3) 检验项目

球节点螺栓螺纹抗拉荷载。

(4) 判定标准

荷载试验当达到螺栓的设计承载力时，螺孔、螺纹及封板仍完好无损为合格。

(5) 说明

球节点螺栓螺纹拉力荷载检测，由有资质的检测单位按施工工艺做成试件，或按施工现场在监理、施工有关人员共同参与下按规定现场取样，按检测程序进行检测，出具检测报告。作为质量验收的附件。

10. 钢网架球节点杆件伸拉力荷载检测

(1) 有关标准

1)《钢结构工程施工质量验收规范》(GB 50205—2001)；

2)《建筑结构检测技术标准》(GB/T 50344—2004)；

3)《钢网架检验及验收标准》(JGJ 75.3—1991)。

(2) 抽样批量

按设计指定规格的球及其匹配的钢管焊接成构件进行轴心拉、压承载力试验,每项试验随机抽取3个试件做试验。

(3) 检验项目

球节点杆件试件应力荷载。

(4) 判定标准

承载力试验,其试验破坏荷载值大于或等于1.6倍设计承载力为合格。

(5) 说明

球节点的球及其匹配的钢管焊接成试件,进行轴心拉、压承载力试验,由有资质的检测单位在施工前按施工工艺做成试件,或施工现场在监理、施工有关人员共同参与下,按规定现场取样,按检测程序检测,出具检测报告。由质量检查员、项目技术负责人检查合格后,作为网架工程质量验收的附件。

11. 钢结构焊钉弯曲试验

(1) 有关标准

《钢结构工程施工质量验收规范》(GB 50205—2001)。

(2) 抽样批量

批量同类型构件抽查10%,且不少于10件,被抽查构件中,每件检查焊钉数量10%,但不少于1个。

(3) 检验项目

焊钉弯曲检验。

(4) 判定标准

在焊钉焊接弯曲后,在焊缝和热影响区以肉眼看不见裂纹为合格。

(5) 说明

栓钉焊接后弯曲试验。由经过培训的检查人员进行检查,出具检测结论。质量检查员检查合格后,作为钢结构焊钉质量验收的附件。

12. 钢结构主体结构整体垂直度检测

(1) 有关标准

《钢结构工程施工质量验收规范》(GB 50205—2001)。

(2) 抽样批量

对主要立面及大角进行检查，对特别是两个垂直轴线面必须检查，对所检查的立面，除两列角柱外，尚应至少选取一列中间柱进行检查。

(3) 检验项目

整体垂直度。

(4) 判定标准

1) 单层钢结构主体结构整体垂直度允许偏差为 $H/1000$mm，且不大于 25.0mm。

2) 多层及高层钢结构主体结构整体垂直度允许偏差为 $(H/2500+10.0)$mm，且不大于 50.0mm。

3) 检测单项的测点合格率在 80% 以上的，且最大偏差值不超过其允许偏差的 1.2 倍。

判定符合《钢结构工程施工质量验收规范》(GB 50205—2001) 有关要求的为合格，否则判定不合格。

(5) 说明

钢结构主体结构完工后，对单层或多层及高层钢结构的整体垂直度偏差的检测。检测可委托有资质的单位检测，也可由施工单位经过培训有资格的技术人员检测，按规定程序进行检测，检测结果。由质量检查员检查合格后，作为分部（子分部）工程质量验收的资料，与分部质量一起验收。

13. 钢结构整体平面弯曲检测报告

(1) 有关标准

《钢结构工程施工质量验收规范》(GB 50205—2001)。

(2) 抽样批量

对主要立面全部检查。

(3) 检验项目

整体平面弯曲。

(4) 判定标准

1）钢结构主体结构的整体平面弯曲允许偏差为 $L/1500\mathrm{mm}$，且不大过于 25.0mm。

2）检测单项的测点合格率在 80% 及以上的，且最大偏差值不超过其允许偏差的 1.2 倍。

符合以上规定，判定符合《钢结构工程施工质量验收规范》（GB 50205—2001）要求，反之，判定不合格。

(5) 说明

钢结构主体结构完工后，对单层或多层及高层钢结构的整体平面弯曲度偏差的检测。检测可委托有资质的检测单位，也可由施工单位经过培训有资格的技术人员检测，按规定程序和有效期内的仪器进行，检测结果。由质量检查员检查合格后，作为分部（子分部）工程质量验收资料，与分部工程质量一起验收。

14. 钢结构涂层厚度检测

(1) 有关标准

1）《钢结构工程施工质量验收规范》（GB 50205—2001）；

2）《钢结构防火涂料应用技术规范》（CECS 24—1990）；

3）《色漆和清漆 漆膜厚度的测定》（GB/T 13452.2—2008）。

(2) 抽样批量

1）防腐涂层厚度检测按构件数抽查 10%，且同类构件不少于 3 件。

2）防火涂层厚度检测按同类构件数抽查 10%，且均不应少于 3 件。

(3) 检验项目

钢结构涂层厚度。

(4) 判定标准

1）防腐涂料涂层厚度检测判定：

涂层厚度符合设计要求为合格，当无设计要求时，表 3-53 规定。

涂层厚度设计标准 表 3-53

检测项目		厚度(um)	允许偏差(mm)
涂层干漆总厚度	室外	150	−25
	室内	125	−25
每层涂层干漆膜厚度		—	−5

检测结果按涂层厚度全部检测点数统计，合格率大于或等于80%，且不合格点偏差最大值小于或等于其允许偏差值的1.2倍，判为符合设计或规范要求；否则，判为不符合设计或规范要求。

2) 防火涂料涂层厚度检测判定：

薄涂型防火涂层厚度符合耐火极限的设计要求，厚涂型防火涂层厚度，80%及以上面积符合有关耐火极限的设计要求，且最薄处厚度不低于设计要求的85%，判为符合设计要求；否则，判为不符合设计要求。

(5) 说明

钢结构主体完成，经过结构检查后，按规定进行防腐涂层涂刷，待涂层达到一定干燥程度后，应进行防腐涂层厚度检测。防腐涂层厚度检测，可由施工单位有资格技术人员检测，用漆膜厚度仪检测，有防火涂层时按厚度检测，可用测针进行，质量检查员检查合格后，作为附件与防腐涂层、防火涂层检验批质量验收表一同报专业监理工程师验收认可。

3.2.6 建筑环境检测

1. 室内空气质量检测

(1) 有关标准

1)《民用建筑工程室内环境污染控制规范》(GB 50325—2010)；

2)《公共场所卫生检验方法 第 2 部分：化学污染物》(GB/T 18204.2—2014)

3)《居住区大气中苯、甲苯和二甲苯卫生检验标准方法 气相色谱法》(GB 11737—1989)。

(2) 抽样批量

按有代表性的房间室内环境污染物浓度，抽检数量不得少于5%，并不得少于3间；房间总数不少于3间时，应全数检测。室内环境污染物浓度检测点应按房间面积设置：

1）房间使用面积小于 $50m^2$ 时，设1个检测点。
2）房间使用面积 $50\sim100m^2$ 时，设2个检测点。
3）房间使用面积大于 $100m^2$ 时，设3~5个检测点。

(3) 检测项目

室内环境中氡的浓度、游离甲醛的浓度、氨的浓度、苯的浓度、总挥发性有机化合物（TVOC）的浓度。

(4) 判定标准（表 3-54）

判定标准 表 3-54

污染物	Ⅰ类民用建筑工程	Ⅱ类民用建筑工程
氡(Bq/m^3)	≤200	≤400
游离甲醛(mg/m^3)	≤0.08	≤0.12
苯(mg/m^3)	≤0.09	≤0.09
氨(mg/m^3)	≤0.2	≤0.5
TVOC(mg/m^3)	≤0.5	≤0.6

注：表中污染物浓度限量，除氡外均应以同步测定的室外空气相应值为空白值。

Ⅰ类民用建筑工程：住宅、医院、老年建筑、幼儿园、学校教室等民用建筑工程。

Ⅱ类民用建筑工程：办公楼、商店、旅馆、文化娱乐场所、书店、图书馆、体育馆、公共交通、等候室、餐厅、理发店等民用建筑工程。

(5) 说明

新建、扩建和改建的民用建筑工程室内环境污染控制检测的记录和报告，由有资质的检测单位按规定程序进行检测。

2. 土壤氡浓度检测

(1) 有关标准

《民用建筑工程室内环境污染控制规范》(GB 50325—2010)。

(2) 抽样批量

在工程位置覆盖基础工程范围，以间距10m作网格，各网格点即为测点（当遇较大石块时，可偏离±2m），但布点数不应少于16个。

(3) 检测项目

土壤中氡浓度。

(4) 判定标准

Ⅰ类工程氡含量≤200Bq/m³，Ⅱ类工程氡含量≤400Bq/m³，判定为符合要求。

(5) 说明

新建、扩建、改建的建筑工程土壤氡浓度含量检测，由有资质的检测单位按委托单位的要求及定程序进行检测，并将检测结果报告委托单位。设计前检测供设计单位采取措施；竣工后检测，由质量检查员、项目技术负责人审查后，作为竣工验收的资料使用。

3. 溶剂涂料环境指标检测

(1) 有关标准

1)《室内装饰装修材料 溶剂型木器涂料中有害物质限量》(GB 18581—2009)；

2)《色漆、清漆和塑料不挥发物含量的测定》(GB/T 1725—2007)；

3)《色漆和清漆密度的测定比重瓶法》(GB/T 6750—2007)；

4)《色漆和清漆用漆基 异氰酸酯树脂中二异氰酸酯单体的测定》(GB/T 18446—2009)。

(2) 抽样批量

按委托要求进行检测。

(3) 检测项目

挥发性有机化合物：苯、甲苯和二甲苯总和、游离甲苯二异氰酸酯（TDI）。

（4）判定标准（表3-55）

判定标准 表 3-55

项 目	限量值		
	硝基漆类	聚氨酯类	醇酸漆类
VOC①/(g/L)≤	750	光泽(60°)≥80,600 光泽(60°)<80,700	550
苯②(%)≤	0.5		
甲苯和二甲苯总和③(%)≤	45	45	10
TDI③(%)≤	—	0.7	—

① 按产品规定的配比和稀释比例混合后测定。如稀释剂的使用量为某一范围时，应按照推荐的最大稀释量稀释后进行测定；

② 如产品规定了稀释比例或产品由双组分或多组分组成时，应分别测定稀释剂和各组分中的含量，再按产品规定的配比计算混合后涂料中的总量。如稀释剂的使用量为某一范围时，应按照推荐的最大稀释进行计算；

③ 如聚氨酯漆类规定了稀释比例或由双组分组成时，应先测定固化剂（含甲苯二异氰酸酯预聚物）中的含量，并按产品规定的配比计算混合后涂料中的含量。如稀释剂的使用量为某一范围时，应按照推荐的最小稀释进行计算。

（5）说明

室内装饰装修用溶剂涂料的挥发性气体检测（其他树脂类型和其他用途的室内装积修用溶剂型涂料可参照使用），由有资质的检测单位按委托单位的要求，按规定程序进行检测，将检测结果报告委托单位，由质量检查员、项目技术负责人审查后，作为竣工验收资料保存。

4. 溶剂型胶粘剂环境指标检测

（1）有关标准

1）《室内装饰装修材料 胶粘剂中有害物质限量》（GB 18583—2008）；

2）《胶粘剂不挥发物含量的测定》（GB/T 2793—1995）；

3）《化学试剂 水分测定通用方法（卡尔·费休法）》（GB/

T 606—2003);

4)《液态胶粘剂密度的测定方法 重量杯法》(GB/T 13354—1992)。

（2）抽样批量

按委托进行检测。

（3）检测项目

按游离甲醛、苯、甲苯和二甲苯总和、甲苯二异氰酸酯（TDI），总挥发性有机物（VOC）。

（4）判定标准

其含量不大于表 3-56 的为符合设计要求。

判定标准　　　　　　　　表 3-56

项　目	指标		
	橡胶胶粘剂	聚氨酯类胶粘剂	其他胶粘剂
游离甲醛(g/kg)≤	0.5	—	—
苯[①](g/kg)≤	5		
甲苯和二甲苯总和≤	200		
TDI(g/kg)≤	—	10	—
VOC(g/kg)≤	750		

① 苯不作为溶剂使用，作为杂质其最高含量不得大于表中的规定。

（5）说明

室内装饰装修用胶粘剂的检测。

5. 水性处理剂环境指标检测

（1）有关标准

1)《民用建筑工程室内环境污染控制规范》(GB 50325—2010);

2)《色漆、清漆和塑料　不挥发物含量的测定》(GB/T 1725—2007);

3)《色漆和清漆　密度的测定　比重瓶法》(GB/T 6750—

2007);

4)《化工产品中水分含量的测定 卡尔·费休法（通用方法)》(GT 6283—2008)。

(2) 抽样批量

按委托进行检测。

(3) 检测项目

总发挥性有机化合物（TVOC)、游离甲醛。

(4) 判定标准

其含量不大于表 3-57 限值的为符合规范规定。

判定判准　　　　　　　　表 3-57

测定项目	限　量
TVOC(g/L)	≤200
游离甲醛(g/kg)	≤0.5

(5) 民用建筑工程室内用水性涂料挥发性检测，由有资质的检测单位按委托单位的要求，按规定程序进行检测，将结果报告委托单位，设计前检测提供选择材料依据；施工后由施工人员、质量检查员、项目技术负责人审查后，作为竣工验收的资料内容。

6. 人造板游离甲醛含量检测报告

(1) 有关标准

1)《室内装饰装修材料 人造板及其制品中甲醛释放限量》(GB 18580—2001)；

2)《人造板及饰面人造板理化性能试验方法》(GB/T 17657—2013)。

(2) 抽样批量

按委托进行检测。

(3) 检测项目

游离甲醛含量。

(4) 判定标准（表 3-58)

判定标准　　　　　　　　表 3-58

产品名称	试验方法	限量值	使用范围	限量标志
饰面人造板(包括浸渍纸层压木地板、实木复合地板、竹地板、浸渍胶膜纸饰面人造板等)	气候箱法（环境测试舱法）	$\leqslant 0.12 mg/m^3$	可直接用于室内	E_1

（5）说明

释放甲醛的室内装饰装修用的饰面人造板（包括浸渍纸层压木质地板、实木复合地板、竹地板、浸渍胶膜纸饰面人造板等）的游离甲醛含量检测。按规定在施工前应进行检测，其含量低于规定，才能在工程上使用。由有资质的检测单位根据委托要求，按检测程序进行检测，出具检测报告，将结果报委托单位。质量检查员、项目技术负责人审查合格后，报专业监理工程师验收认可。

7. 建筑材料放射性核素限量检测报告

（1）有关标准

《建筑材料放射性核素限量》（GB 6566—2010）。

（2）抽样批量

按委托进行检测。

（3）检测项目

内照射指数 I_{Ra}，外照射指数 I_r。

（4）判定标准（表 3-59）

判定标准　　　　　　　　表 3-59

产品名称	检测项目	限量	使用范围
建筑主体材料	I_{Ra}	$\leqslant 1.0$	其产销与使用范围不受限制
	I_t	$\leqslant 1.0$	
空心率大于 25% 的建筑主体材料	I_{Ra}	$\leqslant 1.0$	其产销与使用范围不受限制
	I_r	$\leqslant 1.3$	
A 类装修材料	I_{Ra}	$\leqslant 1.0$	其产销与使用范围不受限制
	I_r	$\leqslant 1.3$	

续表

产品名称	检测项目	限量	使用范围
B类装修材料	I_{Ra}	≤1.3	不可用于Ⅰ类民用建筑的内饰面，可用于Ⅰ类建筑的外饰面及其他一切建筑物的内、外饰面
	I_r	≤1.9	
C类装修材料	I_r	≤2.8	只可用于建筑物的外饰面及室外其他用途
	I_r	>2.8	只可用于碑石、海堤、桥墩等人类很少涉及的地方

注：Ⅰ类民用建筑：住宅、医院、老年建筑、幼儿园、学校教室等民用建筑工程。

(5) 说明

建筑物所使用的无机非金属类建筑材料和装修材料的放射性核素限量检测记录和报告。按规定，在材料用于工程之前，应进行检测，其含量低于限值，才能用于工程。由有资质的检测单位按委托单位要求，按检测程序进行检测，出具检测报告，报委托单位。质量查员、项目技术负责人审查合格后，填写报验申报表，报专业监理工程师验收认可。

8. 绝热品物理性能检测

(1) 有关标准

1)《膨胀珍珠岩绝热制品》(GB/T 10303—2001)；

2)《硅酸钙绝热制品》(GB/T 10699—1998)；

3)《无机硬度绝热制品试验方法》(GB/T 5486—2008)。

(2) 抽样批量

相同工艺制成的原材料绝热制品，按品种、规格、等级分批验收，每10000块为一个检验批量，不足10000块按一个检验批计。

(3) 检验项目

导热系数，必要时按委托要求对强度、密度、含水率、尺寸偏差、憎水率进行检测。

(4) 判定标准

膨胀珍珠岩、绝热制品的尺寸偏差应符合表 3-60 的规定，物理性能指标应符合表 3-61 的规定。

膨胀珍珠岩、绝热制品的尺寸允许偏差　　　　表 3-60

项目		指标			
		平板		弧形板、管壳	
		优等品	合格品	优等品	合格品
尺寸允许偏差	长度(mm)	±3	±5	±3	±5
	宽度(mm)	±3	±5	—	—
	内径(mm)	—	—	±3　+1	±5　+1
	厚度(mm)	±3　−1	±5　−2	±3　−1	±5　−2

膨胀珍珠岩、绝热制品的物理性能指标　　　　表 3-61

项目		指标					
		200 号		250 号		250 号	
		优等品	合格品	优等品	合格品	优等品	合格品
密度(kg/m^3)		≤200		≤250		≤350	
导热系数 ($W/m \cdot K$)	$298K±2K$	≤0.060	≤0.680	≤0.680	≤0.072	≤0.287	
	$623K±2K$ (S 类要求此项)	≤0.10	≤0.11	≤0.11	≤0.12	≤0.12	
抗压强度(MPa)		≥0.40	≥0.30	≥0.50	≥0.40	≥0.40	
抗折强度(MPa)		≥0.20	—	≥0.25	—		
质量含水率(%)		≤2	≤5	≤2	≤5	≤10	

注：憎水型产品的憎水率应不小于 98%。

(5) 说明

膨胀珍珠岩、硅酸钙等绝热制品的强度、密度、含水率的检测按规定，绝热制品在用于工程之前，应对其物理性能进行检测，符合设计要求后，才能用于工程。由有资质的检测单位按委托单位要求，按检测程序进行检测，出具检测报告，报委托单位。质量检查员、项目技术负责人审查合格后，填写报验申报表，报专业监理工程师验收认可。

4 建筑工程质量验收

4.1 《建筑工程施工质量验收统一标准》(GB 50300—2013)对工程质量验收的规定

4.1.1 基本规定

(1) 施工现场应具有健全的质量管理体系、相应的施工技术标准、施工质量检验制度和综合施工质量水平评定考核制度。

施工现场质量管理可按表 4-1 的要求进行检查记录。

施工现场质量管理检查记录　开工日期：　　　　表 4-1

工程名称			施工许可证号		
建设单位			项目负责人		
设计单位			项目负责人		
监理单位			总监理工程师		
施工单位		项目负责人		项目技术负责人	
序号	项　　目		主要内容		
1	项目部质量管理体系				
2	现场质量责任制				
3	主要专业工种操作岗位证书				
4	分包单位管理制度				
5	图纸会审记录				
6	地质勘察资料				
7	施工技术标准				
8	施工组织设计编制及审批				
9	物资采购管理制度				
10	施工设施和机械设备管理制度				

续表

序号	项目	主要内容
11	计量设备配备	
12	检测试验管理制度	
13	工程质量检查验收制度	
14		
自检结果：		检查结论：
施工单位项目负责人：　年　月　日		总监理工程师：　年　月　日

（2）未实行监理的建筑工程，建设单位相关人员应履行本标准涉及的监理职责。

（3）建筑工程的施工质量控制应符合下列规定：

1）建筑工程采用的主要材料、半成品、成品、建筑构配件、器具和设备应进行进场检验。凡涉及安全、节能、环境保护和主要使用功能的重要材料、产品，应按各专业工程施工规范、验收规范和设计文件等规定进行复验，并应经监理工程师检查认可。

2）各施工工序应按施工技术标准进行质量控制，每道施工工序完成后。经施工单位自检符合规定后，才能进行下道工序施工。各专业工种之间的相关工序应进行交接检验，并应记录。

3）对于监理单位提出检查要求的重要工序，应经监理工程师检查认可。才能进行下道工序施工。

4）符合下列条件之一时，可按相关专业验收规范的规定适当调出抽样复验、试验数量，调整后的抽样复验、试验方案应由施工单位编制，并报监理单位审核确认。

① 同一项目中由相同施工单位施工的多个单位工程，使用同一生产厂家的同品种、同规格、同批次的材料、构配件、设备。

② 同一施工单位在现场加工的成品、半成品、构配件用于同一项目中的多个单位工程。

③ 在同一项目中，针对同一抽样对象已有检验成果可以重复利用。

（4）当专业验收规范对工程中的验收项目未作出相应规定时，应由建设单位组织监理、设计、施工等相关单位制定专项验收要求。涉及安全、节能、环境保护等项目的专项验收要求应由建设单位组织专家论证。

（5）建筑工程施工质量应按下列要求进行验收：

1）工程质量验收均应在施工单位自检合格的基础上进行。

2）参加工程施工质量验收的各方人员应具备相应的资格。

3）检验批的质量应按主控项目和一般项目验收。

4）对涉及结构安全、节能、环境保护和主要使用功能的试块、试件及材料，应在进场时或施工中按规定进行见证检验。

5）隐蔽工程在隐蔽前应由施工单位通知监理单位进行验收，并应形成验收文件，验收合格后方可继续施工。

6）对涉及结构安全、节能、环境保护和使用功能的重要分部工程应在验收前按规定进行抽样检验。

7）工程的观感质量应由验收人员现场检查，并应共同确认。

（6）建筑工程施工质量验收合格应符合下列规定：

1）符合工程勘察、设计文件的规定。

2）符合本标准和相关专业验收规范的规定。

（7）检验批的质量检验，可根据检验项目的特点在下列抽样方案中选取：

1）计量、计数的抽样方案。

2）一次、二次或多次抽样方案。

3）对重要的检验项目，当有简易快速的检验方法时，选用全数检验方案。

4）根据生产连续性和生产控制稳定性情况，采用调整型抽样方案。

5）经实践证明有效的抽样方案。

（8）检验批抽样样本应随机抽取，满足分布均匀、具有代表性的要求,抽样数量不应低于有关专业验收规范及第 4-2 的规定。

明显不合格的个体可不纳入检验批,但必须进行处理,使其满足有关专业验收规范的规定,对处理的情况应予以记录并重新验收。

检验批最小抽样数量 表 4-2

检验批的容量	最小抽样数量	检验批的容量	最小抽样数量
2～15	2	151～280	13
16～25	3	281～500	20
26～50	5	501～1200	32
51～90	6	1201～3200	50
91～150	8	3201～10000	80

(9) 计量抽样的错判概率 α 和漏判概率 β 可按下列规定采取:

1) 主控项目:对应于合格质量水平的 α 和 β 均不宜超过 5%。

2) 一般项目:对应于合格质量水平的 α 不宜超过 5%,β 不宜超过 10%。

4.1.2 工程质量验收的划分

(1) 建筑工程施工质量验收应划分为单位工程、分部工程、分项工程、检验批。

(2) 单位工程须按下列原则划分:

1) 具备独立施工条件并能形成独立使用功能的建筑物或构筑物为一个单位工程。

2) 对于规模较大的单位工程,可将其能形成独立使用功能的部分划分为一个子单位工程。

(3) 分部工程应按下列原则划分:

1) 可按专业性质、工程部位确定。

2) 当分部工程较大或较复杂时,可按材料种类、施工特点、施工程序、专业系统及类别等将分部工程划分为若干子分部工程。

（4）分项工程可按主要工种、材料、施工工艺、设备类别等进行划分。

（5）检验批可根据施工、质量控制和专业验收的需要，按工程量、楼层、施工段、变形缝等进行划分。

（6）建筑工程的分部、分项工程划分宜按表4-3采用。

（7）施工前，应由施工单位制定分项工程、检验批的划分方案，并由监理单位审核。对于表4-3及相关专业验收规范未涵盖的分项工程和检验批，可由建设单位组织监理、施工等单位协商确定。

（8）室外工程可根据专业类别和工程规模按表4-4的规定划分子单位工程、分部工程和分项工程。

建筑工程的分部工程、分项工程划分　　　　表4-3

序号	分部工程	子分部工程	分项工程
1	地基与基础	土方工程	土方开挖,土方回填,场地平整
		基坑支护	排桩,重力式挡土墙,型钢水泥土搅拌墙,土钉墙与复合土钉墙,地下连续墙,沉井与沉箱,钢或混凝土支撑,锚杆,降水与排水
		地基处理	灰土地基、砂和砂石地基、土工合成材料地基、粉煤灰地基、强夯地基、注浆地基、预压地基、振冲地基、高压喷射注浆地基、水泥土搅拌桩地基、土和灰土挤密桩地基、水泥粉煤灰碎石桩地基、夯实水泥土桩地基、砂桩地基
		桩基础	先张法预应力管桩,混凝土预制桩,钢桩,混凝土灌注桩
		地下防水	防水混凝土,水泥砂浆防水层,卷材防水层,涂料防水层,塑料防水板防水层,金属板防水层,膨润土防水材料防水层;细部构造,锚喷支护,地下连续墙,盾构隧道,沉井,逆筑结构;渗排水、盲沟排水,隧道排水,坑道排水,塑料排水板排水;预注浆、后注浆,结构裂缝注浆

续表

序号	分部工程	子分部工程	分项工程
1	地基与基础	混凝土基础	模板、钢筋、混凝土、后浇带混凝土、混凝土结构缝处理
		砌体基础	砖砌体,混凝土小型空心砌块砌体,石砌体,配筋砌体
		型钢、钢管混凝土基础	型钢、钢管焊接与螺栓连接,型钢、钢管与钢筋连接,浇筑混凝土
		钢结构基础	钢结构制作,钢结构安装,钢结构涂装
2	主体结构	混凝土结构	模板,钢筋,混凝土,预应力,现浇结构,装配式结构
		砌体结构	砖砌体,混凝土小型空心砌块砌体,石砌体,配筋砌体,填充墙砌体
		钢结构	钢结构焊接,紧固件连接,钢零部件加工,钢构件组装及预拼装,单层钢结构安装,多层及高层钢结构安装,空间格构钢结构制作,空间格构钢结构安装,压型金属板,防腐涂料涂装,防火涂料涂装、天沟安装、雨棚安装
		型钢、钢管混凝土结构	型钢、钢管现场拼装,柱脚锚固,构件安装,焊接、螺栓连接,钢筋骨架安装,型钢、钢管与钢筋连接,浇筑混凝土
		轻钢结构	钢结构制作,钢结构安装,墙面压型板,屋面压型板
		索膜结构	膜支撑构件制作,膜支撑构件安装,索安装,膜单元及附件制作,膜单元及附件安装
		铝合金结构	铝合金焊接,紧固件连接,铝合金零部件加工,铝合金构件组装,铝合金构件预拼装,单层及多层铝合金结构安装,空间格构铝合金结构安装,铝合金压型板,防腐处理,防火隔热
		木结构	方木和原木结构,胶合木结构,轻型木结构,木结构防护

续表

序号	分部工程	子分部工程	分项工程
3	建筑装饰装修	地面	基层,整体面层,板块面层,地毯面层,地面防水,垫层及找平层
		抹灰	一般抹灰,保温墙体抹灰,装饰抹灰,清水砌体勾缝
		门窗	木门窗安装,金属门窗安装,塑料门窗安装,特种门安装,门窗玻璃安装
		吊顶	整体面层吊顶、板块面层吊顶、格栅吊顶
		轻质隔墙	板材隔墙,骨架隔墙,活动隔墙,玻璃隔墙
		饰面板	石材安装,瓷板安装,木板安装,金属板安装,塑料板安装,玻璃板安装
		饰面砖	外墙饰面砖粘贴,内墙饰面砖粘贴
		涂饰	水性涂料涂饰,溶剂型涂料涂饰,美术涂饰
		裱糊与软包	裱糊、软包
		外墙防水	砂浆防水层,涂膜防水层,防水透气膜防水层
		细部	橱柜制作与安装,窗帘盒和窗台板制作与安装,门窗套制作与安装,护栏和扶手制作与安装,花饰制作与安装
		金属幕墙	构件与组件加工制作,构架安装,金属幕墙安装
		石材与陶板幕墙	构件与组件加工制作,构架安装,石材与陶板幕墙安装
		玻璃幕墙	构件与组件加工制作,构架安装,玻璃幕墙安装
4	屋面工程	基层与保护	找平层,找坡层,隔汽层,隔离层,保护层
		保温与隔热	板状材料保温层,纤维材料保温层,喷涂硬泡聚氨酯保温层,现浇泡沫混凝土保温层,种植隔热层,架空隔热层,蓄水隔热层
		防水与密封	卷材防水层,涂膜防水层,复合防水层,接缝密封防水
		瓦面与板面	烧结瓦和混凝土瓦铺装,沥青瓦铺装,金属板铺装,玻璃采光顶铺装
		细部构造	檐口,檐沟和天沟,女儿墙和山墙,水落口,变形缝,伸出屋面管道,屋面出入口,反水过水孔,设施基座,屋脊,屋顶窗

续表

序号	分部工程	子分部工程	分项工程
5	建筑给水排水及供暖	室内给水系统	给水管道及配件安装,给水设备安装,室内消火栓系统安装,消防喷淋系统安装,管道防腐,绝热
		室内排水系统	排水管道及配件安装,雨水管道及配件安装,防腐
		室内热水供应系统	管道及配件安装,辅助设备安装,防腐,绝热
		卫生器具安装	卫生器具安装,卫生器具给水配件安装,卫生器具排水管道安装
		室内供暖系统	管道及配件安装,辅助设备及散热器安装,金属辐射板安装,低温热水地板辐射供暖系统安装,系统水压试验及调试,防腐,绝热
		室外给水管网	给水管道安装,消防水泵接合器及室外消火栓安装,管沟及井室
		室外排水管网	排水管道安装,排水管沟与井池
		室外供热管网	管道及配件安装,系统水压试验及调试、防腐、绝热
		建筑中水系统及游泳池系统	建筑中水系统管道及辅助设备安装,游泳池水系统安装
		供热锅炉及辅助设备安装	锅炉安装,辅助设备及管道安装,安全附件安装,烘炉、煮炉和试运行,换热站安装,防腐,绝热
		太阳能热水系统	预埋件及后置锚栓安装和封堵,基座、支架、集热器安装,接地装置安装,电线、电缆敷设,辅助设备及管道安装,防腐,绝热
6	通风与空调	送排风系统	风管与配件制作,部件制作,风管系统安装,空气处理设备安装,消声设备制作与安装,风管与设备防腐,风机安装,系统调试
		防排烟系统	风管与配件制作,部件制作,风管系统安装,防排烟风口,常闭正压风口与设备安装,风管与设备防腐,风机安装,系统调试

续表

序号	分部工程	子分部工程	分项工程
6	通风与空调	除尘系统	风管与配件制作,部件制作,风管系统安装,除尘器与排污设备安装,风管与设备防腐,风机安装,系统调试
		空调风系统	风管与配件制作,部件制作,风管系统安装,空气处理设备安装,消声设备制作与安装,风管与设备防腐,风机安装,风管与设备绝热,系统调试
		空气能量回收系统	空气能量热回收装置安装,新风导入管道安装,排风管道安装,空气过滤系统的安装。空气能量回收装置系统运行试验及调试。
		净化空调系统	空气质量控制系统,风管与配件制作,部件制作,风管系统安装,空气处理设备安装,消声设备制作与安装,风管与设备防腐,风机安装,风管与设备绝热,高效过滤器安装,系统调试
		制冷设备系统	制冷机组安装,制冷剂管道及配件安装,制冷附属设备安装,管道及设备的防腐与绝热,系统调试
		空调水系统	管道冷热(媒)水系统安装,冷却水系统安装,冷凝水系统安装,阀门及部件安装,冷却塔安装,水泵及附属设备安装,管道与设备的防腐与绝热,系统调试
		地源热泵系统	地埋管换热系统,地下水换热系统,地表水换热系统,建筑物内系统,整体运转、调试
7	建筑电气	室外电气	架空线路及杆上电气设备安装,变压器、箱式变电所安装,成套配电柜、控制柜(屏、台)和动力、照明配电箱(盘)及控制柜安装,电线、电缆导管和线槽敷设,电线、电缆穿管和线槽敷设,电缆头制作、导线连接和线路电气试验,建筑物外部装饰灯具、航空障碍标志灯安装,庭院路灯安装,建筑照明通电试运行,接地装置安装
		变配电室	变压器、箱式变电所安装,成套配电柜、控制柜(屏、台)和动力、照明配电箱(盘)安装,裸母线、封闭母线、插接式母线安装,电缆沟内和电缆竖井内电缆敷设,电缆头制作、导线连接和线路电气试验,接地装置安装,避雷引下线和变配电室接地干线敷设

续表

序号	分部工程	子分部工程	分项工程
7	建筑电气	供电干线	裸母线、封闭母线、插接式母线安装,桥架安装和桥架内电缆敷设,电缆沟内和电缆竖井内电缆敷设,电线、电缆导管和线槽敷设,电线、电缆穿管和线槽敷线,电缆头制作、导线连接和线路电气试验
		电气动力	成套配电柜、控制柜(屏、台)和动力、照明配电箱(盘)及控制柜安装,低压电动机、电加热器及电动执行机构检查、接线,低压电气动力设备检测、试验和空载试运行,桥架安装和桥架内电缆敷设,电线、电缆导管和线槽敷设,电线、电缆穿管和线槽敷线,电缆头制作、导线连接和线路电气试验,插座、开关、风扇安装
		电气照明安装	成套配电柜、控制柜(屏、台)和动力、照明配电箱(盘)安装,电线、电缆导管和线槽敷设,电线、电缆导管和线槽敷线,槽板配线,钢索配线,电缆头制作、导线连接和线路电气试验,普通灯具安装,专用灯具安装,插座、开关、风扇安装,建筑照明通电试运行
		备用和不间断电源安装	成套配电柜、控制柜(屏、台)和动力、照明配电箱(盘)安装,柴油发电机组安装,不间断电源的其他功能单元安装,裸母线、封闭母线、插接式母线安装,电线、电缆导管和线槽敷设,电线、电缆导管和线槽敷线,电缆头制作、导线连接和线路电气试验,接地装置安装
		防雷及接地安装	接地装置安装,避雷引下线和变配电室接地干线敷设,建筑物等电位连接,接闪器安装
8	建筑智能化	通信网络系统	通信系统,卫星及有线电视系统,公共广播系统,视频会议系统
		计算机网络系统	信息平台及办公自动化应用软件,网络安全系统
		建筑设备监控系统	空调与通风系统,空气能量回收系统,室内空气质量控制系统,变配电系统,照明系统,给排水系统,热源和热交换系统,冷冻和冷却系统,电梯和自动扶梯系统,中央管理工作站与操作分站,子系统通信接口

续表

序号	分部工程	子分部工程	分项工程
8	建筑智能化	火灾报警及消防联动系统	火灾和可燃气体探测系统,火灾报警控制系统,消防联动系统
		会议系统与信息导航系统	会议系统、信息导航系统
		专业应用系统	专业应用系统
		安全防范系统	电视监控系统,入侵报警系统,巡更系统,出入口控制(门禁)系统,停车管理系统,智能卡应用系统
		综合布线系统	缆线敷设和终接,机柜、机架、配线架的安装,信息插座和光缆芯线终端的安装
		智能化集成系统	集成系统网络,实时数据库,信息安全,功能接口
		电源与接地	智能建筑电源,防雷及接地
		计算机机房工程	路由交换系统,服务器系统,空间环境,室内外空气能量交换系统,室内空调环境,视觉照明环境,电磁环境
		住宅(小区)智能化系统	火灾自动报警及消防联动系统,安全防范系统(含电视监控系统、入侵报警系统、巡更系统、门禁系统、楼宇对讲系统、住户对讲呼救系统、停车管理系统),物业管理系统(多表现场计量及与远程传输系统、建筑设备监控系统、公共广播系统、小区网络及信息服务系统、物业办公自动化系统),智能家庭信息平台
9	建筑节能	围护系统节能	墙体节能、幕墙节能、门窗节能、屋面节能、地面节能
		供暖空调设备及管网节能	供暖节能、通风与空调设备节能、空调与供暖系统冷热源节能、空调与供暖系统管网节能
		电气动力节能	配电节能、照明节能
		监控系统节能	监测系统节能、控制系统节能
		可再生能源	太阳能系统、地源热泵系统

续表

序号	分部工程	子分部工程	分项工程
10	电梯	电力驱动的曳引式或强制式电梯安装	设备进场验收,土建交接检验,驱动主机,导轨,门系统,轿厢,对重,安全部件,悬挂装置,随行电缆,补偿装置,电气装置,整机安装验收
		液压电梯安装	设备进场验收,土建交接检验,液压系统,导轨,门系统,轿厢,对重,安全部件,悬挂装置,随行电缆,电气装置,整机安装验收
		自动扶梯、自动人行道安装	设备进场验收,土建交接检验,整机安装验收

室外工程的单位工程、分部工程划分　　表 4-4

单位工程	子单位工程	分部工程
室外设施	道路	路基、基层、面层、广场与停车场、人行道、人行地道、挡土墙、附属构筑物
	边坡	土石方、挡土墙、支护
附属建筑及室外环境	附属建筑	车棚,围墙,大门,挡土墙
	室外环境	建筑小品,亭台,水景,连廊,花坛,场坪绿化,景观桥
室外安装	给水排水	室外给水系统,室外排水系统
	供热	室外供热系统
	供冷	供冷管道安装
	电气	室外供电系统,室外照明系统

4.1.3　建筑工程质量验收

（1）检验批质量验收合格应符合下列规定：

1）主控项目的质量经抽样检验均应合格。

2）一般项目的质量经抽样检验合格。当采用计数抽样时，合格点率应符合有关专业验收规范的规定，且不得存在严重缺陷。对于计数抽样的一般项目，正常检验一次、二次抽样可按表 4-5、表 4-6 判定。

一般项目正常检验一次抽样判定　　　　表 4-5

样本容量	合格判定数	不合格判定数	样本容量	合格判定数	不合格判定数
5	1	2	32	7	8
8	2	3	50	10	11
13	3	4	80	14	15
20	5	6	125	21	22

一般项目正常检验二次抽样判定　　　　表 4-6

抽样次数	样本容量	合格判定数	不合格判定数	抽样次数	样本容量	合格判定数	不合格判定数
(1)	3	0	2	(1)	20	3	6
(2)	6	1	2	(2)	40	9	10
(1)	5	0	2	(1)	32	5	9
(2)	10	3	4	(2)	64	12	13
(1)	8	1	3	(1)	50	7	11
(2)	16	4	5	(2)	100	18	19
(1)	13	2	5	(1)	80	11	16
(2)	26	6	7	(2)	160	26	27

注：(1) 和 (2) 表示抽样次数，(2) 对应的样本容量为二次抽样的累计数量。

3) 具有完整的施工操作依据、质量验收记录。

(2) 分项工程质量验收合格应符合下列规定：

1) 所含检验批的质量均应验收合格。

2) 所含检验批的质量验收记录应完整。

(3) 分部工程质量验收合格应符合下列规定：

1) 所含分项工程的质量均应验收合格。

2) 质量控制资料应完整。

3) 有关安全、节能、环境保护和主要使用功能的抽样检验结果应符合相应规定。

4) 观感质量应符合要求

(4) 单位工程质量验收合格应符合下列规定：
1) 所含分部工程的质量均应验收合格。
2) 质量控制资料应完整。
3) 所含分部工程中有关安全、节能、环境保护和主要使用功能的检验资料应完整。
4) 主要使用功能的抽查结果应符合相关专业验收规范的规定。
5) 观感质量应符合要求。
(5) 建筑工程施工质量验收记录可按下列规定填写：
1) 检验批质量验收记录可按表4-7填写，填写时应具有现场验收检查原始记录；
2) 分项工程质量验收记录可按表4-8填写；
3) 分部工程质量验收记录可按表4-9填写；
4) 单位工程质量竣工验收记录、质量控制资料核查记录、安全和功能检验资料核查及主要功能抽查记录、观感质量检查记录应按表4-10、表4-11、表4-12、表4-13。
(6) 当建筑工程施工质量不符合要求时，应按下列规定进行处理：
1) 经返工或返修的检验批，应重新进行验收；
2) 经有资质的检测机构检测鉴定能够达到设计要求的检验批，应予以验收；
3) 经有资质的检测机构检测鉴定达不到设计要求、但经原设计单位核算认可能够满足安全和使用功能的检验批，可予以验收；
4) 经返修或加固处理的分项、分部工程，满足安全及使用功能要求时，可按技术处理方案和协商文件的要求予以验收。
(7) 工程质量控制资料应齐全完整。当部分资料缺失时，应委托有资质的检测机构按有关标准进行相应的实体检验或抽样试验。
(8) 经返修或加固处理仍不能满足安全或重要使用要求的分部工程及单位工程，严禁验收。

检验批质量验收记录　　　　　　表 4-7

工程名称				
分项工程名称		验收部位		
施工单位		项目负责人		专业工长
分包单位		项目负责人		施工班组长
施工执行标准名称及编号				

		验收规范的规定	施工、分包单位检查记录	监理单位验收记录
主控项目	1			
	2			
	3			
	4			
	5			
	6			
	7			
	8			
一般项目	1			
	2			
	3			
	4			

施工、分包单位检查结果	项目专业质量检查员：　　　　　年　月　日
监理单位验收结论	专业监理工程师：　　　　　年　月　日

_____分项工程质量验收记录　　　　　　表 4-8

工程名称		结构类型		检验批数	
施工单位		项目负责人		项目技术负责人	
分包单位		单位负责人		项目负责人	
序号	检验批名称及部位、区段	施工、分包单位检查结果		监理单位验收结论	
1					
2					
3					
4					
5					
6					
7					
8					
9					
10					
11					
12					
13					
14					
15					

说明：

施工单位检查结果	项目专业技术负责人： 　　　　　年　月　日	监理单位验收结论	专业监理工程师： 　　　　　年　月　日

_____分部工程质量验收记录 表 4-9

工程名称		结构类型		层数	
施工单位		技术部分负责人		质量部门负责人	
分包单位		分包单位负责人		分包单位技术负责人	

序号	分项工程名称	检验批数	施工、分包单位检查结果	验收结论
1				
2				
3				
4				
5				
6				
质量控制资料				
安全和功能检验结果				
观感质量				
综合验收结论				

分包单位 项目负责人: 年 月 日	施工单位 项目负责人: 年 月 日	勘察单位 项目负责人: 年 月 日	设计单位 项目负责人: 年 月 日	监理单位 总监理工程师: 年 月 日

单位工程质量竣工验收记录　　　　表 4-10

工程名称		结构类型		层数/建筑面积	
施工单位		技术负责人		开工日期	
项目负责人		项目技术负责人		完工日期	

序号	项目	验收记录	验收结论
1	分部工程验收	共 分部,经查 分部,符合设计及标准规定 分部	
2	质量控制资料核查	共 项,经核查符合规定 项,经核查不符合规定 项	
3	安全和使用功能核查及抽查结果	共核查 项,符合规定 项,共抽查 项,符合规定 项,经返工处理符合规定 项	
4	观感质量验收	共抽查 项,符合规定 项,不符合规定 项	
5	综合验收结论		

参加验收单位	建设单位	监理单位	施工单位	设计单位	勘察单位
	(公章) 项目负责人: 　年 月 日	(公章) 总监理工程师: 　年 月 日	(公章) 项目负责人: 　年 月 日	(公章) 项目负责人: 　年 月 日	(公章) 项目负责人: 　年 月 日

单位工程质量控制资料核查记录　　　表 4-11

工程名称				施工单位				
序号	项目	资料名称	份数	施工单位		监理单位	
				核查意见	核查人	核查意见	核查人
1	建筑与结构	图纸会审记录、设计变更通知单、工程洽商记录、竣工图					
2		工程定位测量、放线记录					
3		原材料出厂合格证书及进场检验、试验报告					
4		施工试验报告及见证检测报告					
5		隐蔽工程验收记录					
6		施工记录					
7		地基、基础、主体结构检验及抽样检测资料					
8		分项、分部工程质量验收记录					
9		工程质量事故调查处理资料					
10		新技术论证、备案及施工记录					
11							
1	给水排水与供暖	图纸会审记录、设计变更通知单、工程洽商记录、竣工图					
2		原材料出厂合格证书及进场检验、试验报告					
3		管道、设备强度试验、严密性试验记录					
4		隐蔽工程验收记录					
5		系统清洗、灌水、通水、通球试验记录					
6		施工记录					
7		分项、分部工程质量验收记录					
8		新技术论证、备案及施工记录					
9							

续表

序号	项目	资料名称	份数	施工单位 核查意见	核查人	监理单位 核查意见	核查人
1	通风与空调	图纸会审记录、设计变更通知单、工程洽商记录、竣工图					
2		原材料出厂合格证书及进场检验、试验报告					
3		制冷、空调、水管道强度试验、严密性试验记录					
4		隐蔽工程验收记录					
5		制冷设备运行调试记录					
6		通风、空调系统调试记录					
7		施工记录					
8		分项、分部工程质量验收记录					
9		新技术论证、备案及施工记录					
10							
1	建筑电气	图纸会审记录、设计变更通知单、工程洽商记录、竣工图					
2		原材料出厂合格证书及进场检验、试验报告					
3		设备调试记录					
4		接地、绝缘电阻测试记录					
5		隐蔽工程验收记录					
6		施工记录					
7		分项、分部工程质量验收记录					
8		新技术论证、备案及施工记录					
9							

续表

序号	项目	资料名称	份数	施工单位 核查意见	施工单位 核查人	监理单位 核查意见	监理单位 核查人
1	通风与空调	图纸会审记录、设计变更通知单、工程洽商记录、竣工图					
2		原材料出厂合格证书及进场检验、试验报告					
3		隐蔽工程验收记录					
4		施工记录					
5		系统功能测定及设备调试记录					
6		系统技术、操作和维护手册					
7		系统管理、操作人员培训记录					
8		系统检测报告					
9		分项、分部工程质量验收记录					
10		新技术论证、备案及施工记录					
11							
1	建筑节能	图纸会审记录、设计变更通知单、工程洽商记录、竣工图					
2		原材料出厂合格证书及进场检验、试验报告					
3		隐蔽工程验收记录					
4		施工记录					
5		外墙、外窗节能检验报告					
6		设备系统节能检测报告					
7		分项、分部工程质量验收记录					
8		新技术论证、备案及施工记录					
9							

结论：

施工单位项目负责人：　　　　　　　　　总监理工程师：

　　　　　年 月 日　　　　　　　　　　　　　年 月 日

单位工程安全和功能检验资料核查记录　　　表 4-12

工程名称			施工单位				
序号	项目	安全和功能检查项目	份数	施工单位		监理单位	
				核查意见	核查人	核查意见	核查人
1	建筑与结构	地基承载力检验报告					
2		桩基承载力检验报告					
3		混凝土强度试验报告					
4		砂浆强度试验报告					
5		屋面淋水或蓄水试验记录					
6		地下室防水效果检查记录					
7		有防水要求的地面蓄水试验记录					
8		建筑物垂直度、标高、全高测量记录					
9		抽气(风)道检查记录					
10		外窗气密性、水密性、耐风压检测报告					
11		幕墙气密性、水密性、耐风压检测报告					
12		建筑物沉降观测测量记录					
13		节能、保温测试记录					
14		室内环境检测报告					
15		土壤氡气浓度检验报告					
1	给水排水与供暖	给水管道通水试验记录					
2		暖气管道、散热器压力试验记录					
3		卫生器具满水试验记录					
4		消防管道、燃气管道压力试验记录					
5		排水干管通球试验记录					

续表

序号	项目	安全和功能检查项目	份数	施工单位 核查意见	核查人	监理单位 核查意见	核查人
1	通风与空调	通风、空调系统试运行记录					
2		风量、温度测试记录					
3		空气能量回收装置测试记录					
4		洁净室洁净度测试记录					
5		制冷机组试运行调试记录					
1	建筑电气	照明全负荷试验记录					
2		大型灯具牢固性试验记录					
3		避雷接地电阻测试记录					
4		线路、插座、开关接地检验记录					
1	智能建筑	系统试运行记录					
2		系统电源及接地检测报告					
1	建筑节能	外墙热工性能					
2		设备系统节能够性能					

结论：

施工单位项目负责人：　　　　　　　　　　总监理工程师：

年　月　日　　　　　　　　　　　　　　　年　月　日

注：抽查项目由验收组协商确定。

单位工程观感质量检查记录　　　　表 4-13

工程名称			施工单位			
序号	项目		抽查质量状况	质量评价		
				好	一般	差
1	建筑与结构	主体结构外观	共检查　点,其中合格　点			
2		主体结构尺寸、位置	共检查　点,其中合格　点			
3		主体结构垂直度、标高	共检查　点,其中合格　点			
4		室外墙面	共检查　点,其中合格　点			
5		变形缝	共检查　点,其中合格　点			
6		水落管、屋面	共检查　点,其中合格　点			
7		室内墙面	共检查　点,其中合格　点			
8		室内顶棚	共检查　点,其中合格　点			
9		室内地面	共检查　点,其中合格　点			
10		楼梯、踏步、护栏	共检查　点,其中合格　点			
11		门窗	共检查　点,其中合格　点			
12		雨罩、台阶、坡道、散水	共检查　点,其中合格　点			
13						
1	给排水与供暖	管道接口、坡度、支架	共检查　点,其中合格　点			
2		卫生器具、支架、阀门	共检查　点,其中合格　点			
3		检查口、扫除口、地漏	共检查　点,其中合格　点			
4		散热器、支架	共检查　点,其中合格　点			
5						
1	通风与空调	风管、支架	共检查　点,其中合格　点			
2		风口、风阀	共检查　点,其中合格　点			
3		风机、空调设备	共检查　点,其中合格　点			
4		阀门、支架	共检查　点,其中合格　点			
5		水泵、冷却塔	共检查　点,其中合格　点			
6		绝热	共检查　点,其中合格　点			

续表

序号	项目		抽查质量状况	质量评价		
				好	一般	差
1	建筑电气	配电箱、盘、板、接线盒	共检查 点,其中合格 点			
2		设备器具、开关、插座	共检查 点,其中合格 点			
3		防雷、接地、防火	共检查 点,其中合格 点			
4						
1	建筑智能化	机房设备安装及布局	共检查 点,其中合格 点			
2		现场设备安装	共检查 点,其中合格 点			
3						
	观感质量综合评价					

结论:

施工单位项目负责人:　　　　　　总监理工程师:
　　　　　　年　月　日　　　　　　　　　　年　月　日

注:1 对质量评价为差的项目应进行返修。
　　2 观感质量检查的原始记录应作为本表附件。

4.1.4 建筑工程质量验收的程序和组织

(1)检验批应由专业监理工程师组织施工单位项目专业质量检查员、专业工长等进行验收。

(2)分项工程应由专业监理工程师组织施工单位项目专业技术负责人等进行验收。

(3)分部工程应由总监理工程师组织施工单位项目负责人和项目技术、质量负责人等进行验收。

勘察、设计单位项目负责人和施工单位技术、质量部门负责人应参加地基与基础分部工程的验收。

设计单位项目负责人和施工单位技术、质量部门负责人应参加主体结构、节能分部工程的验收。

(4) 单位工程中的分包工程完工后，分包单位应对所承包的工程项目进行自检，并应按奉标准规定的程序进行验收。验收时，总包单位应派人参加。分包单位应将所分包工程的质量控制资料整理完整后，移交给总包单位。

(5) 单位工程完工后，施工单位应组织有关人员进行自检。总监理工程师应组织各专业监理工程师剥工程质量进行竣工预验收。存在施工质量问题时，应由施工单位及时整改。整改完毕后，由施工单位向建设单位提变工程竣工报告，申请工程竣工验收。

(6) 建设单位收到工程竣工报告后，应由建设单位项目负责人组织监理、施工、设计、勘察等单位项目负责人进行单位工程验收。

5　建立施工资料分类、分卷目录

施工资料分类、分卷目录见表5-1。

施工资料分类、分卷目录　　　表5-1

资料类别名称	序号	资料名称
C01 施工组织设计质量计划资料	C01-1	施工组织设计(质量计划)审批表
	C01-2	施工组织设计修改审批表
	C01-3	施工组织设计
	C01-4	质量计划
	C01-4-1	质量、安全、文明施工的工作目标
	C01-4-2	现场管理人员组织架构及人员组成
	C01-4-3	工程难点、关键工序的确定及相应技术保障措施
	C01-4-4	工程总体施工安排、总进度计划表
	C01-4-5	分部分项工程施工方案
	C01-4-6	质量保证措施
	C01-4-7	安全措施
	C01-4-8	文明保证措施
	C01-4-9	季节施工措施
	C01-4-10	模板及支架设计书(包括脚手架)
	C01-4-11	施工现场临时用电、用水计算书
	C01-4-12	工程技术复核计划表
	C01-4-13	隐蔽工程验收计划表
	C01-4-14	混凝土、砂浆试块制作计划表
	C01-4-15	主要机械设备计划表
	C01-4-16	原材料、成品、半成品设备检验计划

续表

资料类别名称	序号	资料名称
C01 施工组织设计质量计划资料	C01-4-17	质量检测计量器具配备一览表
	C01-4-18	计量、测量食品强制性鉴定、校验计划
	C01-4-19	工程质量验收计划
	C01-4-20	各施工阶段劳动组织表
	C01-4-21	施工人工预算表
	C01-4-22	施工总平面布置图
	C01-4-23	施工技术标准审查
	C01-4-24	施工技术交底
	C01-4-25	其他规范、规定要求的施组内容
C02 地基与基础工程施工资料(专业分包桩基子分部工程独立成册)	C02-1-(1~n)	原材料、半成品、成品出厂质量证明书和试验报告
	C02-2-(1~n)	施工试验报告
	C02-3-(1~n)	施工记录
	C02-4-(1~n)	预检记录
	C02-5-(1~n)	技术交底记录
	C02-6-(1~n)	隐蔽工程验收记录
	C02-7-(1~n)	工程质量验收记录
	C02-8-(1~n)	桩基基础质量验收证明书
	C02-9-(1~n)	安全和功能检验(检测)
	C02-10-(1~n)	图纸会审、设计变更、洽商记录
C03 建筑与结构工程施工资料 注：专业分包的钢结构工程独立成册； 木结构子分部工程独立成册； 钢架结构和索膜结构工程独立成册； 专业分包轻钢结构子分部工程独立成册； 铝合金结构子分部工程独立成册； 木结构工程子分部工程独立成册	C03-1-(1~n)	原材料、半成品、成品出厂质量证明书和试验报告
	C03-2-(1~n)	施工试验
	C03-3-(1~n)	施工记录
	C03-4-(1~n)	隐蔽工程验收记录
	C03-5-(1~n)	工程质量验收记录
	C03-6-(1~n)	结构质量验收证明书
	C03-7-(1~n)	安全和功能检验(检测)
	C03-8-(1~n)	图纸会审、设计变更、洽商记录

续表

资料类别名称	序号	资料名称
C04 建筑给水排水及采暖工程施工资料	C04-1-(1~n)	原材料、半成品、成品出厂质量证明书和试验报告
	C04-2-(1~n)	施工试验报告
	C04-3-(1~n)	施工记录
	C04-4-(1~n)	预检记录
	C04-5-(1~n)	技术交底记录
	C04-6-(1~n)	隐蔽工程验收记录
	C04-7-(1~n)	工程质量验收记录
	C04-8-(1~n)	安全和功能检验(检测)
	C04-9-(1~n)	图纸会审、设计变更、洽商记录
C05 建筑电气工程施工资料	C05-1-(1~n)	原材料、半成品、成品出厂质量证明书和试验报告
	C05-2-(1~n)	施工试验报告
	C05-3-(1~n)	施工记录
	C05-4-(1~n)	预检记录
	C05-5-(1~n)	技术交底记录
	C05-6-(1~n)	隐蔽工程验收记录
	C05-7-(1~n)	工程质量验收记录
	C05-8-(1~n)	安全和功能检验(检测)
	C05-9-(1~n)	图纸会审、设计变更、洽商记录
C06 智能建筑工程施工资料	C06-1-(1~n)	原材料、半成品、成品出厂质量证明书和试验报告
	C06-2-(1~n)	设备调试记录
	C06-3-(1~n)	系统功能测定及设备调试记录
	C06-4-(1~n)	系统技术操作和维护手册
	C06-5-(1~n)	系统管理操作人员培训记录
	C06-6-(1~n)	系统检测报告
	C06-7-(1~n)	工程质量验收
	C06-8-(1~n)	新技术论证
	C06-9-(1~n)	安全和功能检验(检测)
	C06-10-(1~n)	图纸会审、设计变更、洽商记录

续表

资料类别名称	序号	资料名称
C07 通风与空调工程施资料	C07-1-(1~n)	材料、设备出厂合格证及进场检(试)验报告
	C07-2-(1~n)	制冷空调、水管、强度试验
	C07-3-(1~n)	严密性试验记录
	C07-4-(1~n)	施工试验记录
	C07-5-(1~n)	通风空调系统调试记录
	C07-6-(1~n)	制冷设备运行调试记录
	C07-7-(1~n)	隐蔽工程验收记录
	C07-8-(1~n)	工程质量验收
	C07-9-(1~n)	安全和功能检验(检测)
	C07-10-(1~n)	图纸会审、设计变更、洽商记录
C08 电梯安装工程施工资料	C08-1-(1~n)	设备出厂合格证及开箱检验记录
	C08-2-(1~n)	施工试验记录
	C08-3-(1~n)	施工记录
	C08-4-(1~n)	隐蔽工程验收记录
	C08-5-(1~n)	负荷试验记录
	C08-6-(1~n)	隐蔽工程验收记录
	C08-7-(1~n)	工程质量验收记录
	C08-8-(1~n)	安全和功能检验(检测)
	C08-9-(1~n)	图纸会审、设计变更、洽商记录
C09 建筑节能工程施工资料(可再生能源节能电气动力节能、供暖空调设备管网节能、围护系统节能降耗设备系统节能)	C09-1	原材料、半成品、成品出厂质量证明书和试验报告
	C09-2	施工试验报告
	C09-3	施工记录
	C09-4	预检记录
	C09-5	技术交底记录
	C09-6	隐蔽工程验收记录
	C09-7	工程质量验收记录
	C09-8	安全和功能检验(检测)
	C09-9	图纸会审、设计变更、洽商记录

续表

资料类别名称	序号	资料名称
D类资料竣工图	D-1	总平面图
	D-2	室外管线总平面图
	D-3	绿化工程竣工图
	D-4	桩基竣工图
	D-5	建筑竣工图
	D-6	结构竣工图
	D-7	建筑给水、排水竣工图
	D-8	建筑电气竣工图
	D-9	采暖通风空调竣工图
	D-10	钢结构工程竣工图
	D-11	幕墙工程竣工图
	D-12	智能建筑竣工图
	D-13	建筑装饰装修竣工图
	D-14	其他(声、像资料)

6 建设工程竣工验收备案管理基础知识

6.1 建设工程竣工验收备案管理

6.1.1 建设工程竣工验收备案的范围

(1) 行政区域内土木工程、建筑工程、线路管道和设备安装工程及装修工程。

(2) 抢险救灾工程、临时性房屋建筑工程和农民自建低层住宅工程、家庭装潢、不属于竣工验收备案的范围。

(3) 军用房屋建筑工程竣工验收备案、按照中央军事委员会的有关规定执行

6.1.2 建设工程竣工验收备案的文件

(1) 建设单位应当自建设工程竣工验收合格之日起15日内，按照有关规定向竣工验收备案部门办理竣工验收备案手续。

(2) 建设单位办理工程竣工验收备案时，应当提交下列文件：

1) 建设工程竣工验收备案表。

2) 建设工程竣工验收报告。

3) 建设工程施工许可证。

4) 建设工程施工图设计文件审查意见。

5) 单位工程质量综合验收文件（施工单位的工程质量竣工报告、勘察设计单位的质量检查报告、监理单位的质量评估报告）。

6) 建设工程质量检测报告和功能试验资料。

7) 规划、公安消防、环保等部门出具的认可文件或者准许使用文件。

8）施工单位签署的工程质量保修书。

9）建设单位按合同约定支付工程款的工程款支付证明。

10）商品住宅的《住宅质量保证书》和《住宅使用说明书》。

11）法规、规章规定必须提交的其他文件和备案机关认为需要提供的有关资料。

（3）备案部门发现建设单位在竣工验收过程中有违反国家有关建设工程质量管理规定行为的，将在收讫竣工验收备案文件15个工作日内，责令停止使用，重新组织竣工验收。建设单位在重新组织竣工验收前，继续擅自使用的，将被按有关规定处罚。

（4）建设单位在工程竣工验收合格之日起15个工作日内未办理工程竣工验收备案的，将被责令限期改正，并按有关规定处罚。

（5）建设单位违反国家法律、法规、规章、规定，采用虚假证明文件办理工程竣工验收备案的，竣工工程验收无效，将被责令停止使用，重新组织竣工验收并按有关规定处罚。

（6）经备案部门决定重新组织竣工验收，并责令停止使用的工程，建设单位在备案前投入使用或者建设单位擅自使用，造成使用人损失的，由建设单位依法承担赔偿责任。

6.2 建设工程竣工验收备案的程序

6.2.1 建设工程项目竣工验收条件

（1）建设单位组织竣工验收，应符合以下条件：

1）完成工程设计和合同约定的各项内容，达到竣工标准。

2）施工单位在工程完工后，对工程质量进行了全面检查，确认工程质量符合法律、法规和工程建设强制性标准规定，符合设计文件及合同要求，并提出工程竣工报告。工程竣工报告应经项目经理和施工单位有有关负责人审核签字。

3）对于委托监理的工程项目，监理单位对工程进行了质量评估，具有完整的监理资料，并提出工程质量评估报告。工程质量评估报告应经总监理工程师和监理单位有关负责人审核签字。

4）勘察、设计单位对勘察、设计文件及施工过程中由设计单位签署的设计变更通知书进行了检查，并提出质量检查报告。质量检查报告应经该项目勘察、设计负责人和勘察、设计单位有关负责人审核签字。

5）有完整的技术档案和施工管理资料。

6）有工程使用的主要建筑材料、建筑构配件和设备的进场试验报告，以及工程质量检测和功能性试验资料。

7）建设单位应按合同约定支付工程款。

8）有施工单位签署的工程质量保修书。

9）对于住宅工程，进行分户验收并验收合格，建设单位按户出具《住宅工程质量分户验收瑶池》。

10）建设主管部门及工程质量监督机构责令整改的问题全部整改完毕。

11）法律、法规规定的其他条件。

6.2.2 建设单位竣工验收程序

建设单位组织的竣工验收应按以下程序进行：

（1）工程完工后，施工单位向建设单位提交工程竣工报告，申请工程竣工验收。实行监理的工程，工程竣工报告须经总监理工程师签署意见。

（2）建设单位收到工程竣工报告后，对符合竣工验收要求的工程，组织勘察、设计、施工、监理等单位组成验收组，制定验收方案。

（3）建设单位应当在工程竣工验收7个工作日前将验收的时间、地点及验收组名单书面通知负责监督该工程的工程质量监督机构。

6.2.3 建设单位竣工验收的实施

1. 竣工验收的组织

建设单位负责组织实施建设工程竣工验收工作，质量监督机构对工程竣工验收实施监督。

2. 竣工验收人员

由建设单位负责组织竣工验收小组。竣工验收组组长由建设单位法人代表或其委托的负责人担任。验收组副组长应至少有一名工程技术人员担任。验收组成员由建设单位上级主管部门、建设单位项目负责人、建设单位项目现场管理人员及勘察、设计、施工、监理单位与项目无直接关系的技术负责人或质量负责人组成。建设单位也可邀请有关专家参加验收小组。验收小组成员中土建及水电安装专业人员应配备齐全。

3. 竣工验收标准

竣工验收标准为国家及地方的强制性标准、现行质量检验评定标准、施工验收规范、经审查通过的施工图设计文件及有关法律、法规、规章和规范性文件规定。

4. 竣工验收程序及内容

(1) 由竣工验收小组组长主持竣工验收。

(2) 建设、施工、监理、勘察、设计单位分别书面汇报工程项目建设质量状况、合同履约及执行国家法律、法规和工程建设强制性标准情况。

(3) 验收组分为三部分分别进行检查验收。

1) 检查工程实物质量。

2) 检查工程建设参与各方提供的竣工资料。

3) 对建筑工程的使用功能进行抽查、试验。例如厕所、阳台泼水试验，浴缸、水盘、水池盛水试验，通水、通电试验，排污立管通球试验及绝缘电阻、接地电阻、漏电跳闸测试等。

(4) 对竣工验收情况进行汇总讨论，对工程勘察、设计、施工、设备安装质量和各管理环节等方面作出全面评价，形成经验收组人员签署的工程竣工验收意见。

(5) 填写《建设工程竣工验收备案表》和《建设工程竣工验收报告》，验收小组人员分别签字，建设单位加盖法人章及公章。

(6) 当在验收过程中发现严重问题，达不到竣工验收标准时，验收小组应责成责任单位立即整改，并宣布本次竣工验收无效，重新确定时间组织竣工验收。

（7）当在竣工验收过程中发现一般需整改的质量问题，验收小组可形成初步验收意见，填写有关表格，有关人员签字，但建设单位不加盖公章。验收小组责成有关责任单位整改，委托建设单位项目负责人组织复查，整改完毕符合要求后，加盖建设单位公章。

（8）当竣工验收小组各方不能形成一致竣工验收意见时，应当协商提出解决办法，待意见一致后，重新组织工程竣工验收。当协商不成时，应报建设行政主管部门或质量监督机构进行协调裁决。

6.2.4 建设单位竣工验收的意见和结论

（1）建设单位竣工验收意见必须明确经其组织验收的工程
（2）是否符合国家和地方现行法律法规要求。
（3）是否符合国家和地方现行建设工程强制性标准、规范要求。
（4）是否符合国家质量标准，能否同意使用。
（5）工程质量保证资料是否有效、齐全。
（6）确认工程质量等级。

6.3 施工单位建筑工程竣工验收备案的实施

6.3.1 施工单位在建筑工程竣工验收备案过程中的基础工作

施工单位必须保证单位工程达到竣工验收标准

（1）施工单位对项目工程竣工标准的自查。

1）工程完工，施工单位项目经理部应对单位工程质量竣工进行自查，评出质量等级。施工单位项目经理部组成单位工程自评验收组，应依据有关法律、法规、工程建设强制性标准、设计文件及施工合同，对工程质量进行检查，确认是否已完成工程设计和合同约定的各项内容，达到竣工标准；对存在的问题，应及时整改。如甩项工程应督促建设单位办理合法手续。

2）施工单位成立单位工程自评验收组，组织单位工程自我评定。在项目经理部对单位工程质量评定验收基础上，施工企业应由施工单位负责人和总工程师牵头，技术质量部门有质量人员上岗资质证书的人员进行单位工程质量等级评定验收，并确定质量等级是否合格，并整理好有关质量保证资料，连同单位工程质量控制资料检查记录、单位工程安全和功能检验资料检查及主要功能抽查记录、单位工程质量竣工验收记录、单位观感质量检查记录一并报告法人代表和总工程师签认。

（2）施工单位填写"单位工程竣工验收报验表"（表6-1）和"单位工程质量竣工报告"（表6-2），连同单位工程质量控制资料检查记录、单位工程安全和功能检验资料检查及主要功能抽查记录、单位工程质量竣工验收记录、单位观感质量检查记录，报建设单位。

单位工程竣工验收报验表　　　　　　表6-1

工程名称：　　　××××　　　　编号：

致：＿＿＿＿＿×××＿＿＿＿＿（项目监理机构）

我方已按施工合同要求完成＿＿＿×××＿＿＿工程，经自检合格，现将有关资料报上，请予以验收。

附件：1. 工程质量验收报告
2. 工程功能检验资料

施工单位（盖章）　　××××
项目经理（签字）　　××××
　　　　　　　　　　年　月　日

预验收意见：

经预验收，该工程合格/不合格，可以/不可以组织正式验收。

项目监理机构（盖章）　　××××
总监理工程师（签字、加盖执业印章）
　　　　　　　　　　年　月　日

注：本表一式三份，项目监理机构、建设单位、施工单位各一份。

施工单位工程质量竣工报告（合格证明书） 表 6-2

单位工程名称	如实填写		
建筑面积	如实填写	结构类型、层数	如实填写
施工单位名称	如实填写		
施工单位地址	如实填写		
施工单位邮编	如实填写	联系电话	如实填写

质量验收意见：（应包含下述参考内容）

填写要求：

1. 施工单位质量责任行为履行情况（如是否依法承揽工程、分包工程签订合同与资质相符；是否建立工程质量保证体系，是否建立各级质量责任制及质量控制程序）；

2. 本工程是否已按要求完成工程设计和合同约定的各项内容；

3. 在施工过程中，执行强制性标准和强制性条文的情况；

4. 施工过程中对监理和监督机构提出的要求整改的质量问题是否已改正，并得到监理等单位认可；

5. 工程完工后，企业自查，是否确认工程达到竣工标准，工程质量达到合格质量等级，满足结构安全和使用功能要求；

6. 工程质量保证资料（包括检测报告的功能试验资料）基本齐全且已按要求装订成册；

7. 建筑物沉降观察成果和倾斜率情况；

8. 其他需说明的情况

项目经理：×××	年 月 日	施工企业公章 如实盖章
企业质量负责人：××× （质量科长）	年 月 日	
企业技术负责人：××× （总工程师）	年 月 日	
企业法人代表：×××	年 月 日	

（3）施工单位应按建设单位合同约定工程质量保修期的责任。

施工单位和建设单位应签署"工程质量保修书"（表6-3），施工单位应向建设单位承诺政府规定或合同约定工程质量保修的责任年限、范围、内容和权限。

其中地基基础工程和主体结构工程保修年限必须按设计文件规定的工程合理使用的年限填写。保修联系人必须是有职有权，严禁弄虚作假。如施工单位调动保修联系人应及时向建设单位通报。

"工程质量保修书"的合理填写模式见表6-3。

工程质量保修书　　　　　表6-3

单位工程名称	如实填写	竣工日期	
建设单位名称		施工单位名称	

本工程质量保修期内，如发生质量问题，本单位将按照《建设工程质量管理条例》、《房屋建设工程质量保修办法》的有关规定负责质量保修，属施工质量问题，保修费用由本单位承担，属其他质量问题，保修费用由责任单位承担。

质量保修范围	在正常使用条件下，建设工程的最低保修期为： 1. 基础设施工程、房屋建筑的地基基础工程和主体结构工程，为设计文件规定的该工程的合理使用年限____年。 2. 屋面防水工程，有防水要求的卫生间，房间和外墙面的防渗漏，为5年。 3. 供热与制冷系统，为2个采暖、制冷期。 4. 电气管线、给水排水管道、设备安装为2年。 5. 装饰工程为2年。 其他：

注：1. 建设工程保修期，自建设单位竣工验收合格之日起计算。
2. 建设工程超过保修期以后，应有产权所有人（物业管理单位）进入正常的，定期保养和维修。

施工单位	法人代表	如实填写	施工企业（公章） （如实盖章） 年　月　日
	项目经理	如实填写	
	保修联系人	如实填写	
	联系电话	如实填写	
	联系地址、邮编	如实填写	

(4) 如实填写建设单位、监理单位支付工程款，并提供证明文件。

工程项目竣工验收前施工单位应配合建设单位、监理单位确认工程量，为建设单位及时支付工程款提供依据，建设单位在工程竣工验收前按合同约定支付工程款，应有工程款支付证明，施工单位应按实填写"工程款支付证明"文件（表 6-4）。

"工程款支付证明"的合理填写模式见表 6-4。

工程款支付证明 表 6-4

单位工程名称	（如实填写）
建设单位名称	（如实填写）
施工单位名称	（如实填写）
第三方证明单位名称	政府部门、公证单位、银行、上级主管部门
工程承包合同总造价	（如实填写）
增加工作量造价	（如实填写）
已支付工程款	（如实填写）
按合同约定应支付工程款	（如实填写）
剩余未支付工程款	（如实填写）
剩余工程款支付时间及方式	（如实填写）

建设单位意见：

（如实填写）

法人代表：＿＿＿＿＿＿　　年　月　日

公章

施工单位意见：

（如实填写）

法人代表：＿＿＿＿＿＿　　年　月　日

公章

第三方证明单位意见：

（如实填写）

法人代表：＿＿＿＿＿＿　　年　月　日

公章

(5) 施工单位积极配合建设单位做好单位工程验收。

建设单位收到单位工程质量竣工报告（合格证明书）后，应由建设单位项目负责人组织施工（含分包单位）、设计、监理等单位（项目）负责人进行单位工程验收。施工单位在验收的过程中积极协助建设单位做好工程竣工验收工作。

1) 协助建设单位、监理单位查阅并帮助整理工程项目全过程竣工档案材料工程项目全过程档案资料包括：

① 建设单位施工前期资料（项目审批、受监及与工程参与各方有关合同等）。

② 施工阶段工程建设参与各方的资料。

③ 建设行政主管部门出具的认可文件。

④ 建设行政主管部门及其委托的监督机构出具的质量问题整改单的情况。

⑤ 档案资料整理重点是施工单位在全过程的技术质量保证资料。

2) 协助建设单位填写"建设工程竣工验收通知单"（表6-5）、"建设工程竣工验收备案申请表"（表6-6）和"建设工程竣工验收报告"（表6-7）等。

建设工程竣工验收通告单　　　　　　　　　　表 6-5

_____质量监督站：

我单位建设_____工程，现已达到竣工验收标准，满足建设部建建设（2013）171文件《房屋建筑和市政基础设施工程竣工验收规定》的要求。现定于_____月_____日组织竣工验收。现将竣工验收前有关资料送上，请审。竣工验收小组成员名单如下：

验收组	姓名	单位	专业	职称	职务
组长	如实填写	如实填写	如实填写	如实填写	如实填写
副组长					
副组长					
组员					
组员					
组员					
组员					
组员					
组员					

_____公司（建设单位公章）

___年___月___日

建设工程竣工验收备案申请表　　　　　　　表 6-6

项目名称		报建编码	
建设地点		所在区县	
建筑总面积	m²	建安工作量	万元
备案内容	见工程竣工验收报告工程明细表		
建设单位名称			
建设单位地址		邮政编码	
联系人		联系电话	

请在以下项目内(□)打"√"

竣工备案资料	1. 工程竣工验收报告	☑有　□无	份
	2. 规划部门出具认可和准许使用文件	☑有　□无	份
	3. 消防部门出具认可和准许使用文件	☑有　□无	份
	4. 环保部门出具认可和准许使用文件	☑有　□无	份
	5. 城建档案馆出具认可和使用文件	☑有　□无	份
申报单位	建设单位公章： 法人代表人签章： 　　　　　　　　　　　　　　　　　　　　年　月　日		
备注			

表 6-7

建设工程竣工验收报告

工程名称：_____

项目编码（报建编码）：_____

施工许可编码：_____

建设单位：_____

开工日期：_____年_____月_____日

竣工验收日期：_____年_____月_____日

工程概况			
建安工作量	××××万元	建筑面积	××××M^2

此次竣工验收工程概况描述：
××××

附表：建设工程竣工验收工程明细表

	验收组职务	姓名	工作单位	职称	职务
竣工验收组人员签名	组长				
	副组长				
	成员				

建设单位项目负责人：

建设单位法定代表人：

（单位公章）

	提示:建设单位对竣工验收的工程质量全面负责
竣工验收标准	1. 我国现行法律、法规、规范 2. 我国现行工程建设强制性标准 3.《建筑工程施工质量验收统一标准》(GB 50300—2013) 4.《建筑装饰装修工程质量验收规范》(GB 50210—2001) 5. 设计文件和施工合同 6. 其他
工程竣工验收意见及结论	经验收,该项目已按设计文件、合同要求施工完毕,质量情况较好,未发现违反强制性标准规定和使用功能缺陷问题,资料基本齐全,验收组一致认为该项目符合国家质量标准,同意合格标准。 验收组组长: 日　　　期:

附：1. 参建施工单位工程竣工报告（本书略）
  2. 勘察、设计单位工程质量检查报告（本书略）
  3. 监理单位工程质量评估报告（本书略）

建设工程竣工验收工程明细表　　　　　附表

项目编码：　　　　　　　　　建设单位（公章）：

单位工程名称	工程类型	工程规模					造价(万元)	备注
		指标	单位	数量	层数			
					地上	地下		

注：指标指：面积、高度、跨度、直径、装机容量等，房屋建筑除面积外，加层数指标。

工程类型指：土建、桩基、装饰、建筑幕墙、电梯、民防、园林绿化、市政、设备安装、室外总体、电力、铁路、港口、水利、公用、住宅、其他

6.3.2 施工单位参与单位竣工验收的实施

（1）施工单位项目经理及施工单位的有关技术质量负责人可作为验收组成员参加单位工程竣工验收。

（2）施工单位在验收时应认真、实际汇报工程合同履约情况和在工程建设各个环节执行法律、法规和工程建设强制性标准的情况。

（3）施工单位应配合验收组人员审阅施工单位的工程档案资料。

（4）施工单位应配合验收组人员实地查验工程质量，配合验收组人员进行工程实物质量检查，并做好功能性测试和记录。

（5）对于竣工验收小组在验收工程中提出的要求整改的问题，施工单位及时组织人员落实整改。整改完成后，形成书面的整改报告报监理单位验收后，再报竣工验收小组复查及政府监督

机构备案。

（6）工程竣工验收合格后，施工单位应配合建设单位及单位工程竣工验收组认真填写建设工程竣工验收报告（表 6-8）。

建设工程竣工验收报告　　　　表 6-8

单位工程名称	如实填写		
建筑面积	如实填写	结构类型、层数	如实填写
施工单位名称	如实填写		
勘察单位名称	如实填写		
设计单位名称	如实填写		
监理单位名称	如实填写		
工程报建时间	年　月　日	开工时间	年　月　日
工程造价	如实填写		

工程概况

填写要求：

除工程质量保证资料《工程概况表》所需反映的情况外，尚需反映室内及外墙装饰要求、屋面防水构造形式。住宅工程需反映应达到的装饰标准及安装要求

竣工验收程序：

填写要求:需反映从工程具备竣工验收条件直至提交工程竣工验收报告整个过程的程序。包括:工程具备竣工验收的条件→建设单位勘察、设计、施工、监理等单位《合格证明书》→组织成立竣工验收小组,制定验收方案→向质量监督机构申领《建设工程竣工验收备案表》及《建设工程竣工验收报告》→竣工验收时间、地点及验收小组人员进行竣工验收→竣工验收合格后提交工程竣工验收报告

竣工验收内容：

填写要求：

需反映工程建设参与各方合同履约情况和执行法律、法规、强制性标准情况；验收小组人员审阅参与各方工程档案情况；实地查验工程质量情况和工程使用功能试验情况；验收小组成员评价情况

续表

竣工验收组织：
填写要求：需反映由建设单位组织成立验收小组情况；组长为建设单位有关负责人；小组成员由勘察、设计、施工、监理单位人员以及其他方面专家组成情况

竣工验收标准：
填写要求：
需反映勘察单位质量行为和质量责任制履行情况；勘察单位工作质量及执行工程建设强制性标准、规范情况；实物质量与勘察报告内容是否相符情况及其他情况

对设计单位评价：
填写要求：
需反映设计单位质量行为和质量责任制履行情况；设计单位工作质量及执行工程建设强制性标准、规范情况；设计单位对设计变更或技术核定认可情况；实物质量是否符合设计图纸及有关设计文件情况；工程竣工实测沉降点是否控制在设计允许最终沉降值的50%以内及其他情况

对施工单位评价：
填写要求：
需反映施工单位质量行为和质量责任制履行情况；施工单位工作质量及执行工程建设强制性标准、规范情况；施工单位是否及时整改质量问题、处理质量事故情况；实物质量是否符合设计图纸及强制性标准、规范情况及其他情况

对监理单位评价：
填写要求：
需反映监理单位质量行为和质量责任制履行情况；监理单位工作质量及执行工程建设强制性标准、规范情况；是否完成工程设计和合同约定的各项内容，达到竣工标准；工程质量核定等级与现行标准是否相符；对工程质量缺陷和质量事故的处理是否进行跟踪检查和验收及其他情况

建设单位执行基本建设程序情况：
填写要求：需反映该工程是否符合国家和地方现行法律法规要求；是否符合国家和地方现行建设工程强制性标准、规范要求；是否符合施工图设计文件和合同要求；工程质量保证资料是否有效、齐全，并确认工程质量等级。

工程竣工验收结论：
填写要求：
需明确是否符合国家质量标准，能否同意使用。
注：结论为：是否符合国家质量标准；能否同意使用

续表

验收组职务	姓名	工作单位	技术职称	单位职务
验收组组长	如实填写	如实填写	如实填写	如实填写
副组长	如实填写	如实填写	如实填写	如实填写
验收组成员	如实填写	如实填写	如实填写	如实填写

竣工验收人员签字

如实填写并加盖公章

建设单位项目负责人：　　　　　　　　　　　　　（公章）
建设单位法定代表人：　　　　　　　　　年　　月　　日

注：建设单位对经竣工验收的工程质量全面负责

1) 认真复核单位工程概况、开竣工日期、工程有关参数。
2) 认真阅看竣工验收报告中对施工单位评价。
3) 认真阅看工程竣工验收意见。
4) 认真阅看工程竣工验收结论。

(7) 施工单位应配合填写《建设单位填写建设工程竣工验收备案表》(表 6-9)

建设工程竣工验收备案表　　　　　表 6-9

工程竣工验收文件目录	1. 工程竣工验收报告； 2. 工程施工许可证； 3. 施工图设计文件审查意见； 4. 单位工程综合验收文件（工程质量竣工报告、质量检查报告、质量评估报告） 5. 建设工程质量检测报告和功能试验资料； 6. 规划、公安消防、环保等部门出具的证明文件或者准许使用文件； 7. 施工单位签署的工程质量保修书； 8. 商品住宅的《住宅质量保证书》和《住宅使用说明书》 9. 法规、规章、规定必须提供的其他文件
备案意见	该工程的竣工验收备案文件已于　　年　月　　日收讫，文件齐全 （公章） 年 月 日
备案机关负责人	备案经办人

备注：建设工程验收通过，交付使用后，所发生的一切质量问题由建设单位全面负责处理，并按有关规定依法追究质量问题责任和经济赔偿

备案机关处理意见：

处理经办人：　　　　　　　　　　　　　　　　　　　　　　　　（公章）

备案负责人：　　　　　　　　　　　　　　　　　　　　　　年 月 日

6.4 有关文件

6.4.1 上海市建设工程合同备案管理规定

上海市建设工程合同备案管理规定

第一条 为规范建设工程承发包活动,维护建设市场秩序,保证建设工程质量和安全,根据有关规定,结合本市实际,制定本规定。

第二条 本市行政区域内的建设工程合同(以下简称本市建设工程合同),以及本市企业在本市行政区域外承揽建设工程所签订的建设工程合同(以下简称非本市建设工程合同)实行合同备案制度。

勘察、设计、施工、监理、招标代理、造价咨询、工程检测、施工图审查合同等,以及专业分包和劳务分包合同等建设工程合同的备案及相关监督管理活动适用本规定。

第三条 本市、区(县)建设行政管理部门按照权限分工负责对所管辖范围内的建设工程合同备案工作进行监督管理。

水务、市容绿化、交通港口、民防等专业建设管理部门协同做好各自职责范围内的建设工程合同备案管理。本市特定园区管委会负责各自管理区域范围内的建设工程合同备案管理。

第四条 本市建设工程合同应在签订合同后 30 个工作日内,由发包人或者发包人委托承包人(以下简称备案人)向市、区(县)建设行政管理部门备案。

发包人不备案或者不委托承包人备案的,承包人自行向市、区(县)建设行政管理部门备案。

非本市建设工程合同应在签订合同后 30 个工作日内,由承包人向市建设行政管理部门备案。

第五条 本市建设工程合同实行网上备案。

备案人可登录上海市城乡建设和交通委员会门户网站(www.shucm.sh.cn)网上办事大厅,或上海市建筑建材业网站（www.ciac.sh.cn）网上办事专栏，进入建设工程合同登记备案，在网上填写数据，生成相应的合同备案表，并将合同双方签字盖章的合同备案表扫描上传。

第六条 非本市建设工程合同完成网上备案后，必须携带经项目所在地县级以上建设行政管理部门盖章确认的合同备案表，到市建设行政管理部门设立的备案窗口办理核实手续。

外省市施工企业在本市承接专业分包工程的，完成网上备案后，应当持合同备案表和合同原件到市建设行政管理部门设立的备案窗口办理核实手续。分包合同经核实的，在住房城乡建设部及外省市进行企业业绩征询时，市建设行政管理部门方可出具相关证明。

第七条 经备案的合同不得擅自变更工程内容、合同金额、施工工期、施工合同的项目负责人、监理合同的总监理工程师等实质性条款。确需变更且符合国家和本市有关规定的，备案人应当到原备案部门办理变更手续。

工程项目的规模标准、使用功能、结构形式、基础处理等方面发生重大变更的，合同双方要及时签订变更协议并报送原备案部门备案。

因停建、缓建建设工程等原因需注销合同的，原备案人应当到原备案部门办理合同备案注销手续。

第八条 合同变更后 15 个工作日内，由备案人携带双方盖章的合同信息变更表和相关证明材料，到原合同备案部门的窗口进行办理变更手续。

第九条 本市建设工程合同双方履行义务完毕，可以办理合同备案核销手续。

市、区（县）建设工程质量安全监督机构完成建设工程施工安全竣工确认后，该项目的施工总包合同和监理合同可以由备案人在网上进行合同备案核销。

建设工程分部分项验收合格后，施工专业分包、劳务分包的发包人可以在网上进行合同备案核销，施工专业分包、劳务分包的承包人也可持分部分项验收合格证明到原备案窗口办理合同备案核销。

其他合同在合同双方履行完各自的义务后，可以由备案人在网上进行合同备案核销。

第十条 进行网上合同备案核销时，必须在网上填写合同备案核销表，并上传经双方盖章的合同备案核销表。窗口办理时，需携带经双方盖章确认的合同备案核销表和相关证明材料。

第十一条 经备案和备案核销的合同，可以作为承包人的工程业绩，在建设行政管理部门进行资质资格管理时使用。在解决合同争议时，应当以备案合同为依据。

合同备案时确定的项目负责人和总监理工程师，在合同备案核销后可以承接新的建设工程项目。

第十二条 市、区（县）建设行政管理部门定期按照不少于备案合同总数10%的比例抽取网上备案合同实行审核，备案人应当按照要求，持双方盖章的合同备案表和合同副本到建设行政管理部门设立的合同备案窗口进行核实。

第十三条 市、区（县）和专业建设工程质量安全监督机构应当加强对建设工程合同履行情况的现场监督检查，抽查合同备案信息与现场实际的一致性。发现核查结果和备案信息不一致的，或未按规定时间办理合同备案手续的，要求限期改正。限期未整改的，记录有关信息，并按照国家和本市的有关规定对相关违法行为进行处罚。

第十四条 市、区（县）建设行政管理部门应当做好合同备案的信息公开工作，实现合同备案信息在市、区（县）、专业建设管理部门以及相关行业协会之间的共享和使用。

相关管理部门应当在本市建设工程企业资质管理、工程招投标和现场质量安全监督中，使用建设工程合同备案信息。

第十五条 本市建设工程合同备案，除应遵守本办法以外，还应符合国家和本市其他相关规定。

第十六条 本办法自2012年10月1日起施行，到2017年9

月30日截止，有效期5年。

6.4.2 住房城乡建设部关于印发《房屋建筑和市政基础设施工程竣工验收规定》的通知

各省、自治区住房城乡建设厅，直辖市建委（建设交通委、规委），新疆生产建设兵团建设局：

为贯彻《建设工程质量管理条例》，规范房屋建筑和市政基础设施工程的竣工验收，保证工程质量，现将《房屋建筑和市政基础设施工程竣工验收规定》印发给你们，请结合实际认真贯彻执行。

附件：房屋建筑和市政基础设施工程竣工验收规定

中华人民共和国住房和城乡建设部
2013年12月2日

房屋建筑和市政基础设施工程竣工验收规定

第一条 为规范房屋建筑和市政基础设施工程的竣工验收，保证工程质量，根据《中华人民共和国建筑法》和《建设工程质量管理条例》，制定本规定。

第二条 凡在中华人民共和国境内新建、扩建、改建的各类房屋建筑和市政基础设施工程的竣工验收（以下简称工程竣工验收），应当遵守本规定。

第三条 国务院住房和城乡建设主管部门负责全国工程竣工验收的监督管理。

县级以上地方人民政府建设主管部门负责本行政区域内工程竣工验收的监督管理，具体工作可以委托所属的工程质量监督机构实施。

第四条 工程竣工验收由建设单位负责组织实施。

第五条 工程符合下列要求方可进行竣工验收：

（一）完成工程设计和合同约定的各项内容。

（二）施工单位在工程完工后对工程质量进行了检查，确认工程质量符合有关法律、法规和工程建设强制性标准，符合设计文件及合同要求，并提出工程竣工报告。工程竣工报告应经项目经理和施工单位有关负责人审核签字。

（三）对于委托监理的工程项目，监理单位对工程进行了质量评估，具有完整的监理资料，并提出工程质量评估报告。工程质量评估报告应经总监理工程师和监理单位有关负责人审核签字。

（四）勘察、设计单位对勘察、设计文件及施工过程中由设计单位签署的设计变更通知书进行了检查，并提出质量检查报告。质量检查报告应经该项目勘察、设计负责人和勘察、设计单位有关负责人审核签字。

（五）有完整的技术档案和施工管理资料。

（六）有工程使用的主要建筑材料、建筑构配件和设备的进场试验报告，以及工程质量检测和功能性试验资料。

（七）建设单位已按合同约定支付工程款。

（八）有施工单位签署的工程质量保修书。

（九）对于住宅工程，进行分户验收并验收合格，建设单位按户出具《住宅工程质量分户验收表》。

（十）建设主管部门及工程质量监督机构责令整改的问题全部整改完毕。

（十一）法律、法规规定的其他条件。

第六条 工程竣工验收应当按以下程序进行：

（一）工程完工后，施工单位向建设单位提交工程竣工报告，申请工程竣工验收。实行监理的工程，工程竣工报告须经总监理工程师签署意见。

（二）建设单位收到工程竣工报告后，对符合竣工验收要求的工程，组织勘察、设计、施工、监理等单位组成验收组，制定验收方案。对于重大工程和技术复杂工程，根据需要可邀请有关专家参加验收组。

（三）建设单位应当在工程竣工验收7个工作日前将验收的时间、地点及验收组名单书面通知负责监督该工程的工程质量监督机构。

（四）建设单位组织工程竣工验收。

1. 建设、勘察、设计、施工、监理单位分别汇报工程合同履约情况和在工程建设各个环节执行法律、法规和工程建设强制性标准的情况；

2. 审阅建设、勘察、设计、施工、监理单位的工程档案资料；

3. 实地查验工程质量；

4. 对工程勘察、设计、施工、设备安装质量和各管理环节等方面作出全面评价，形成经验收组人员签署的工程竣工验收意见。

参与工程竣工验收的建设、勘察、设计、施工、监理等各方不能形成一致意见时，应当协商提出解决的方法，待意见一致后，重新组织工程竣工验收。

第七条　工程竣工验收合格后，建设单位应当及时提出工程竣工验收报告。工程竣工验收报告主要包括工程概况，建设单位执行基本建设程序情况，对工程勘察、设计、施工、监理等方面的评价，工程竣工验收时间、程序、内容和组织形式，工程竣工验收意见等内容。

工程竣工验收报告还应附有下列文件：

（一）施工许可证。

（二）施工图设计文件审查意见。

（三）本规定第五条（二）、（三）、（四）、（八）项规定的文件。

（四）验收组人员签署的工程竣工验收意见。

（五）法规、规章规定的其他有关文件。

第八条　负责监督该工程的工程质量监督机构应当对工程竣工验收的组织形式、验收程序、执行验收标准等情况进行现场监督，发现有违反建设工程质量管理规定行为的，责令改正，并将对工程竣工验收的监督情况作为工程质量监督报告的重要内容。

第九条 建设单位应当自工程竣工验收合格之日起15日内，依照《房屋建筑和市政基础设施工程竣工验收备案管理办法》（住房和城乡建设部令第2号）的规定，向工程所在地的县级以上地方人民政府建设主管部门备案。

第十条 抢险救灾工程、临时性房屋建筑工程和农民自建低层住宅工程，不适用本规定。

第十一条 军事建设工程的管理，按照中央军事委员会的有关规定执行。

第十二条 省、自治区、直辖市人民政府住房和城乡建设主管部门可以根据本规定制定实施细则。

第十三条 本规定由国务院住房和城乡建设主管部门负责解释。

第十四条 本规定自发布之日起施行。《房屋建筑工程和市政基础设施工程竣工验收暂行规定》（建质〔2000〕142号）同时废止。

建筑工程要求备案的条件：

（1）完成工程设计和合同约定的各项内容；

（2）施工单位在工程完工后对工程质量进行了检查，确认工程质量符合有关法律、法规和工程建设强制性标准，符合设计文件和合同要求，并提出工程竣工报告。工程竣工报告应经项目经理和施工单位有关负责人审核签字；

（3）对于委托监理的工程项目，监理单位对工程进行了质量评估，具有完整的监理资料，并提出工程质量评估报告。工程质量评估报告应经总监理工程师和监理单位有关负责人审核签字；

（4）勘察、设计单位对勘察、设计文件及施工过程中由设计单位签署的设计变更通知书进行检查，并提出质量检查报告。质量检查报告应经该项目勘察、设计单位有关负责人和勘察、设计单位有关负责人审核签字；

（5）有完整的技术档案和施工管理资料；

（6）有工程使用的主要建筑材料、建筑构配件和设备的进场试验报告；

（7）建设单位已按合同约定支付工程款；

（8）有施工单位签署的工程质量保修书；

（9）城乡规划行政主管部门对工程是否符合规划设计要求进行检查，并出具认可文件；

（10）有公安消防、环保等部门出具的认可文件或者准许使用文件；

（11）建设行政主管部门及委托的工程质量监督机构等有关部门责令整改的问题全部整改完毕；

（12）有城建档案管理部门出具的"建设工程档案验收认可证"；

（13）有工程质量监督机构提供备案的工程质量监督报告。

参考文献

[1] 中华人民共和国国家标准. 建筑工程施工质量验收统一标准 GB 50300—2013 [S]. 北京：中国建筑工业出版社，2014.

[2] 中华人民共和国国家标准. 混凝土结构工程施工质量验收规范 GB 50204—2015 [S]. 北京：中国建筑工业出版社，2015.

[3] 中华人民共和国国家标准. 砌体结构工程施工质量验收规范 GB 50203—2011 [S]. 北京：中国建筑工业出版社，2012.

[4] 中华人民共和国国家标准. 建筑地基基础工程施工质量验收规范 GB 50202—2002 [S]. 北京：中国计划出版社，2004.

[5] 中华人民共和国国家标准. 建筑地面工程施工质量验收规范 GB 50209—2010 [S]. 北京：中国计划出版社，2010.

[6] 中华人民共和国国家标准. 地下防水工程质量验收规范 GB 50208—2011 [S]. 北京：中国建筑工业出版社，2012.

[7] 中华人民共和国国家标准. 屋面工程质量验收规范 GB 50207—2012 [S]. 北京：中国计划出版社，2012.

[8] 中华人民共和国国家标准. 建筑装饰装修工程质验收规范 GB 50210—2001 [S]. 北京：中国标准出版社，2001.

[9] 中华人民共和国国家标准. 住宅装饰装修工程施工规范 GB 50327—2001 [S]. 北京：中国建筑工业出版社，2001.

[10] 中华人民共和国国家标准. 建筑电气工程施工质量验收规范 GB 50302—2002 [S]. 北京：中国计划出版社，2004.

[11] 吴松勤. 建筑工程管理文件资料形成及常用表达式 [M]. 北京：中国建筑工业出版社，2008.

[12] 潘全祥. 施工现场十大员技术管理手册—资料员 [M]. 北京：中国建筑工业出版社，2005.